ゼロからはじめて
一生損しない！

資産運用見るだけノート

真壁昭夫
Akio Makabe

宝島社

ゼロからはじめて
一生損しない！

資産運用見るだけノート

真壁昭夫 Akio Makabe

宝島社

═ はじめに ═

投資は決して“難攻不落”ではない

「投資のことはよくわからない」「投資は怖くて手が出せない」

このような声をずっと聴き続けてきました。

“人生100年時代”と言われる現在、老後の長い生活を考えると、年金だけでそれなりの生活を送ることは難しくなっています。そのため、それぞれの個人がお金を運用して増やすことはとても大切になっています。ところが、実際にお金を運用しようと思っても、どこに行って、何をすればよいかわからないという人は多いでしょう。

そう思う原因の一つが、わが国での投資に関する教育が遅れている、あるいは学校での投資の教育がほとんどないということだと思います。わが国は、戦後、20世紀の奇跡と言われるほど目覚ましい経済の成長を遂げました。経済の高い成長率を実現することで、多くの企業が高い収益を上げ、わたしたちのお給料も上がりました。そのため、持っているお金を運用しなくても、お給料が上がることで生活の水準を上げることができました。

しかし今では、わが国の経済の高度成長期はすでに過去のものになってしまいました。経済の安定成長期というと響きがよいのですが、実際には成長率が大きく低下しています。成長率が低下するということは、平均すると、わたしたちのお給料はもうあまり上がらないということになります。ただ、だからと言って悲観的になる必要はないと思います。わたしたちが新しい技術や、画期的な製品を生み出すことができれば、たとえわが国の人口が減少し、少子高齢化が進むとしても経済を新しい成長軌道に乗せることは可能です。

そしてもう一つ重要なことは、わが国の人々は多額のお金を持っているということです。わが国の個人金融総資産は1500兆円にもなります。現在、この

お金の半分以上は金利の低い預貯金になっています。そのお金をうまく生かす＝投資して運用の収益を手にすることができれば、そのお金でわたしたちの生活水準を上げることもできるはずです。その意味では、これから投資を行うことの大切さは高まるでしょう。

これまでわたし自身、投資に関するいろいろな本を書いたり、投資セミナーのような機会を持ってきました。そこで耳にするのが「投資は難しい」という言葉です。ただ、投資の基本的な考え方や、実際の投資手法を頭の中に入れておきさえすれば、投資は決して“難攻不落”ではないと思います。この本は、読者のみなさんにとって、とっつきにくいという先入観を消していただくために、多くの“絵”を挿入して、読むよりも、目で見てわかっていただく工夫をしました。

そしてもう一つ工夫した点は、株式や不動産などでバブルが発生したときを想定した内容を多めに入れたことです。株式などの価格が一定の範囲で行ったり来たりしている期間は、あまり大きな利益も損失も発生しないことが多いのですが、いったん、バブル発生時のように価格が大きく変動する場合は、多額の利益や損失を生むことが増えます。その意味では、バブルのときにどのような投資行動をとるかがとても大切です。本書では、なるべくわかりやすく、しかもできるだけ多くのページを割いたつもりです。参考にしていただけると、とてもうれしく存じます。

本書を書くにあたって、宝島社の井上泰さんほかたくさんの方々のご支援をいただきました。そうした助けがなければ、恐らく本書が日の目を見ることはなかったと思います。多くの謝意を表したいと思います。

2019年6月　真壁昭夫

ゼロからはじめて
一生損しない！
資産運用見るだけノート

Contents

Chapter 3
投資に必要なリスクとリターンの関係理解

Chapter 4
人生100年時代の投資術に欠かせないポートフォリオを作る

Chapter 5
“バブル”に要注意

Chapter 8
投資で豊かな人生を送る

Chapter 01

人生100年時代

現在、日本人は“人生 100 年時代”を迎えようとしています。
わたしたちはもはや、国や制度には頼れない
「自己責任の時代」を迎えているのです。

人生100年時代って、実際、どうなるか

近頃、元気な高齢者が増えてきました。しかし、元気な分だけ余生は長くなります。

近頃、日々の暮らしの中で“**人生 100 年時代**”、という言葉をよく聞くようになりました。政府は、『日本では、2007 年に生まれた子どもの半数が 107 歳より長く生きる』時代がやってくるとの海外の研究をもとに、わが国が人生 100 年時代を迎えたと指摘しています。人生 100 年時代とは、人々の寿命（0 歳の人が平均的に何歳まで生きられるか）が長くなり、文字通り 100 歳まで生きる人が増える世の中を意味します。

人生 100 年時代

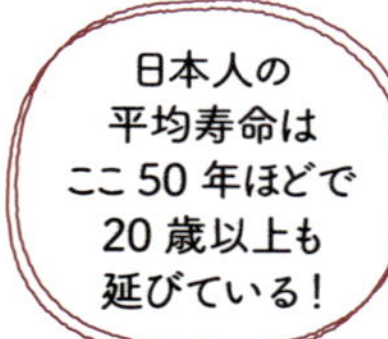

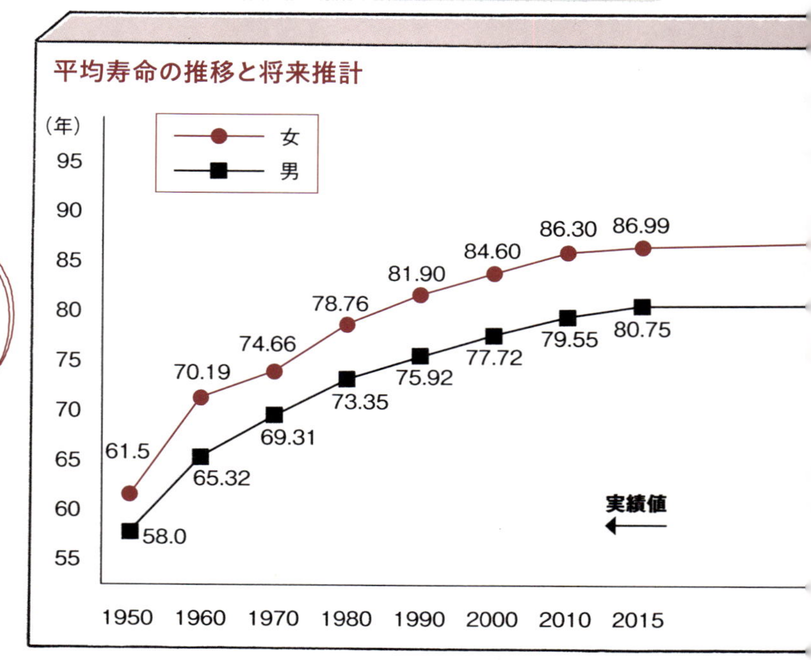

わたしたちの身の回りを見渡してみましょう。後期高齢者（75 歳以上）を上回る年齢になっても、日々元気に暮らしているお年寄りは増えています。先日、筆者は生まれ育った町に、久しぶりに帰省しました。驚いたのが、80 歳代後半、あるいは 90 歳を超えてなお自動車を運転している人が多いことです。筆者が学生の頃、こうした光景は想像できませんでした。後期高齢者といえば、家の中でお茶を飲みながら新聞を読んだり、縁側で日向ぼっこをする光景が当たり前だったからです。

平均寿命が延びた要因には所得の伸び、医療技術の発達、栄養状態の改善などがあります

平均寿命とは？

平均寿命とは、0歳の平均余命のことを指します。わが国の平均寿命は、厚生労働省が毎年発表している簡易生命表にて確認できます。

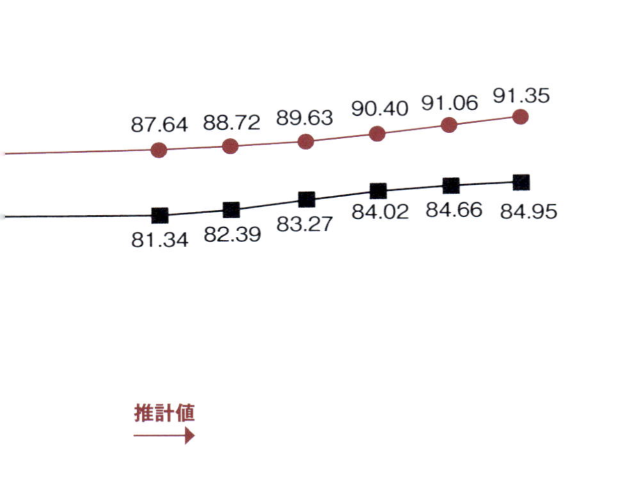

出典：内閣府「平成 30 年版高齢社会白書（全体版）」より「平均寿命の推移と将来推計」

60（65）歳定年の時代から人生 100 年時代へ

人生 100 年時代には、定年まで勤め上げれば余生は安泰……という考えは通用しません。

人生 100 年時代、わたしたちの“生き方”が大きく変わります。わたしたちは、長生きを前提にライフプランを考え、人生を設計しなければなりません。かつて、人々が生き生きと活躍できる時間は、それほど長くはありませんでした。戦国時代の武将、織田信長（1534 ～ 1582 年）は、幸若舞（こうわか）の一つである『敦盛（あつもり）』を好んだと伝えられています。『敦盛』には、“人間五十年”という一節があります。これは、人の世は 50 年、つまり、生を受けて終えるまでの時間は 50 年という意味です。

かつては“人間五十年”

人間五十年
下天のうちをくらぶれば
夢幻の如くなり
ちなみに安土桃山時代の
日本人の平均寿命は約 30 歳。
これは、ほとんどの人が
30 歳までしか生きられなかった
ということではなく、
幼少時に亡くなる人が
多かったことが影響しています

その後、経済（GDP［国内総生産］＝企業の収益とお給料の合計額が増えること）が成長するにつれ、寿命は延びました。戦後、わが国では定年退職の年齢が55歳から60歳、そして65歳へと段階的に延長されてきました。**高年齢者雇用安定法（※）**の改正により、①定年の引き上げ、②継続雇用制度の導入、③定年の定めを廃止すること、のいずれかの措置を会社の制度として導入することが義務付けられました。これは、わたしたちの健康水準が高まり、長く、より健康に生きることが当たり前になってきたことへの対応です。

日本人の健康寿命

厚生労働省によると、2016年の日本人の平均的な健康寿命は男性72.14歳、女性74.79歳でした。健康寿命を終えたのちは医療や介護などでさらにお金が必要となるため、自分のため、そして家族のためにも、しっかりと資産運用を行うことが今後ますます重要になります。

※制度導入の義務であり、労働者の雇用義務ではありません。

人生 100 年時代をしっかり考えてみる

高度経済成長期が終わりを告げた現在、個々人が自分の力で生き抜いていく力が必要とされています。

一人一人が、人生 100 年時代を自分の問題として考えなければなりません。なぜなら、年齢を重ねるにつれ、誰しも高齢者になることは避けられないからです。最も重要なことは、わが国では今後、経済が右肩上がりの成長を実現することはかなり難しくなることです。経済の成長は GDP ＝国内総生産の増減によって評価されます。GDP とは、企業の儲けとわたしたちの受け取るお給料の合計額（経済が生み出す付加価値の大きさ）です。人生 100 年時代、給料が増えることを前提に人生を考えることはかなり難しくなるでしょう。

可処分所得と家計消費支出の推移

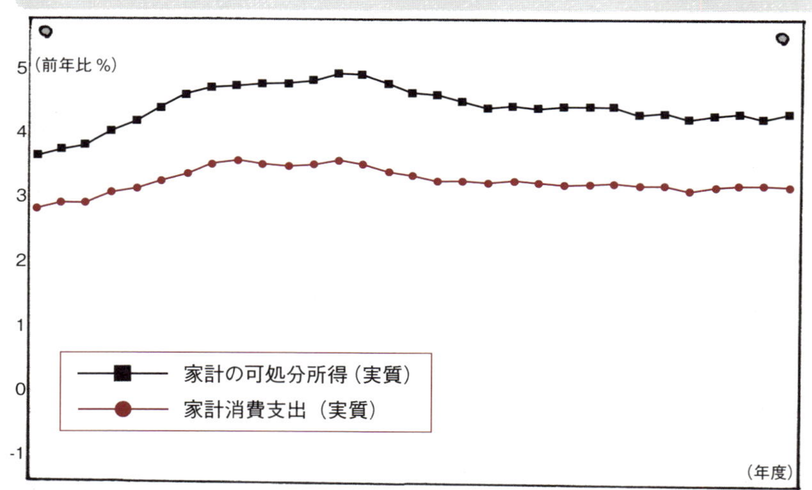

出典：総務省統計局　家計調査

1990年代初めのバブル崩壊以降、可処分所得と家計消費支出は増えていない…

わが国では、**少子化**と**高齢化**、**人口の減少**の３つが同時に進んでいます。人生100年時代、人口は今後も減り続け、社会に占める高齢者の割合は高まるでしょう。人口は経済（GDP）成長率を左右します。人口が増える場合、その国における個人の消費量は増加し、企業は需要を取り込もうと設備投資を増やします。その結果、雇用や給料が増えて経済が成長します。しかし、人口が減少すると、経済の停滞懸念が高まります。わたしたちは自分の力で生きていくことを、より真剣かつ身近な問題として考えねばならないのです。

人口減少による負のスパイラル

人口の減少、少子化、高齢化が需要の低迷につながり、企業の経営に重石がかかります。需要と供給の低迷の負の連鎖が続き、縮小均衡に陥る恐れがあります。

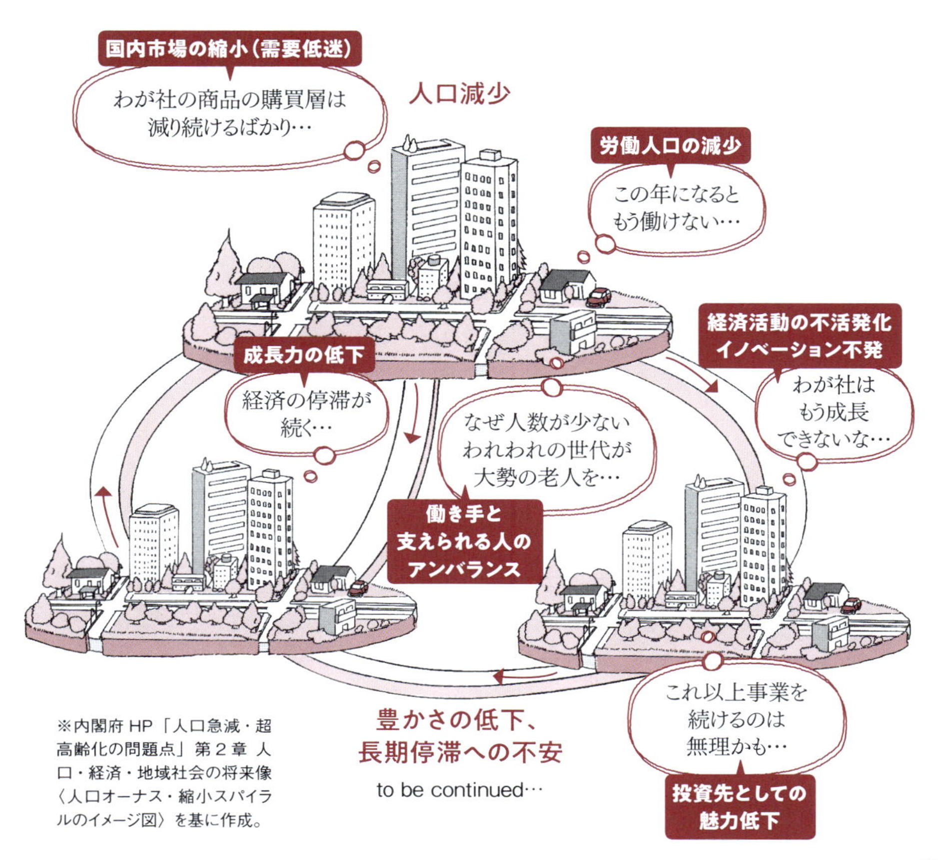

※内閣府HP「人口急減・超高齢化の問題点」第２章 人口・経済・地域社会の将来像〈人口オーナス・縮小スパイラルのイメージ図〉を基に作成。

人生 100 年時代①
将来への“そなえ”

長期の経済停滞が続き、高齢化が進む日本。今後、年金だけで生きていくのは難しくなるでしょう。

人生 100 年時代、わが国の経済が成長率を高めることはかなり難しいでしょう。これは、わたしたちの将来への“そなえ”の一つである、「**年金**」の保険料の負担、その運用（債券や株式に投資して、資産を増やそうとすること）、給付に無視できない影響を与えます。年金とは、わが国全体で所得を再配分し、老若男女が安心して日々の暮らしを行うことができるようにするしくみです。年金のしくみが、長い期間にわたって維持できるか否かは、わたしたちの人生設計、老後の安心に直結する問題です。

高齢者１人を現役世代１人が支える時代に…

少子高齢化により、年金制度を支える現役世代の負担は今後ますます増えていきます。

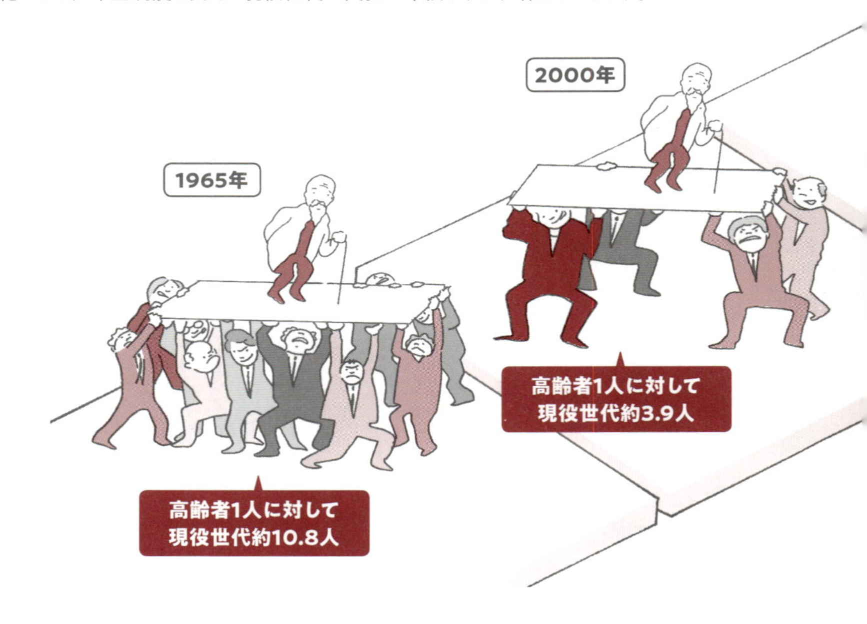

わたしたちは、自分自身の力で老後に“そなえ”なければなりません。わが国の年金制度は、経済成長を前提に、働く人が収めた保険料をそのときの年金の受け取り手（高齢者）に給付するしくみをとり入れてきました。経済が停滞し高齢化が進むとともに、この年金制度は続けることが難しくなります。2004年には政府が年金のしくみを改定し、年金の保険料率の引き上げと給付を抑制する措置が導入されました。しかし、経済の不振と高齢化のスピードは政府の想定を上回っています。人生100年時代、一人一人の“そなえ”が不可欠です。

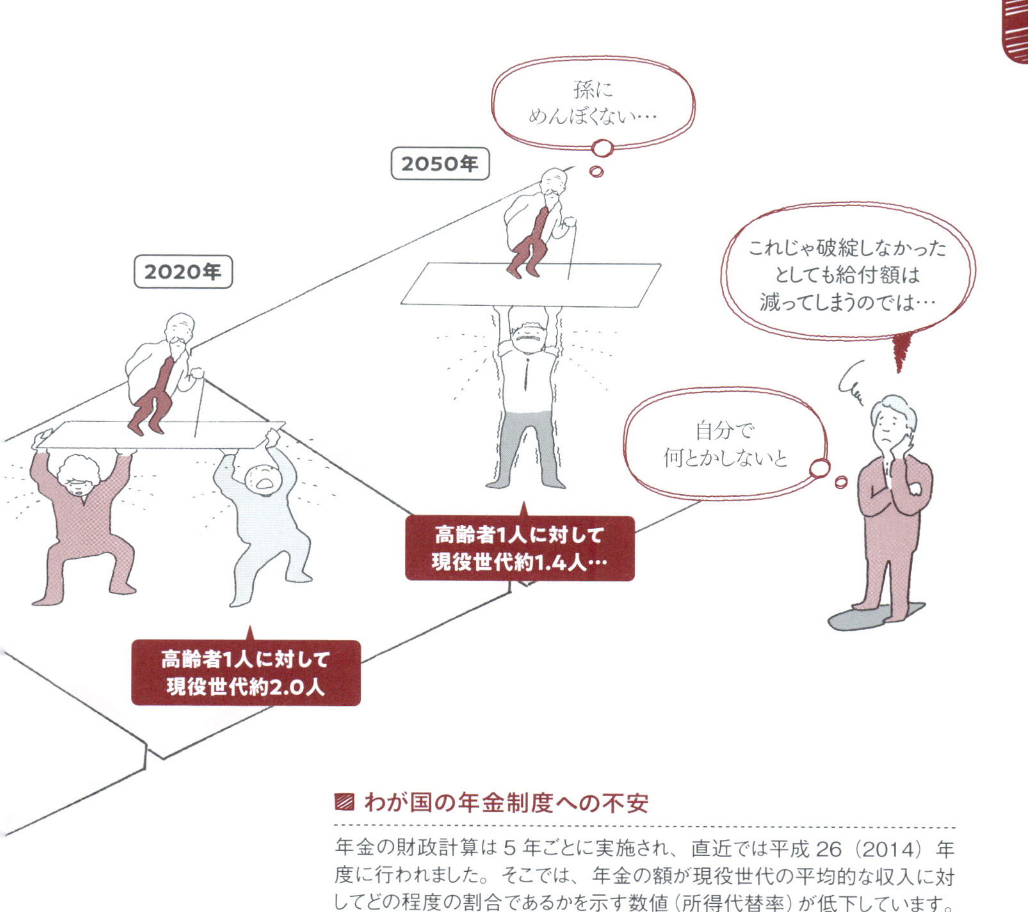

わが国の年金制度への不安

年金の財政計算は5年ごとに実施され、直近では平成26（2014）年度に行われました。そこでは、年金の額が現役世代の平均的な収入に対してどの程度の割合であるかを示す数値（所得代替率）が低下しています。

出典：内閣府「平成29年版高齢社会白書（概要版）」より「高齢世代人口の比率」

人生 100 年時代②
自分の暮らしで精いっぱい

長引く景気の低迷、年金への不安……。現在、多くの人が老後に不安を感じているというのが実情です。

わが国では、年金などへの不安を理由に、「日々の暮らしに精いっぱいだ」「漠然と、将来が不安だ」と思ってしまう人はかなり多いでしょう。わたしが教える大学では、多くの学生から、「社会に出て“満足のいく”生活ができるか不安です」という相談を受けます。また、社会人になったばかりの若者と話していても、「預貯金をしようと思っても、思ったほどお金を貯めることができず大変です。このままでは、結婚など先行きのことを考えることはできません」といった切実な悩み、不安を打ち明けられることも少なくありません。これは、わが国の社会の心理をよく表していると思います。

将来への不安を抱える若者たち

バブル崩壊後、不況が続く中で多くの若者が将来に不安を抱いています。求人情報サイト「マイナビ」が運営する学窓総研の 2016 年の調査によると、実に 71.2%の大学生が将来に不安を抱えていると答えました。

金融広報中央委員会（日本銀行）の調査では、“老後の生活設計について”の意識を調べたところ、答えた人の50%超が、「**老後が不安**」だと答えています。その理由を筆者なりに考察してみると、次のようになるでしょう。多くの人が、経済の成長が見込めないことを実感しています。問題は、具体的に、どのようにして自らの資産を守り、増やし、さらには成長が見込めない時代での生き方を考えればよいかがわからないのでしょう。この問題を具体的に考え、一人一人に合った生き方を考えていただくことが、本書の狙いです。

老後が不安という人は増え続けている…

金融広報中央委員会によると、2016年、日常生活の中で「悩みや不安を感じている」という人たちのうち、50%以上の人が「老後の生活設計について不安」と答えました。

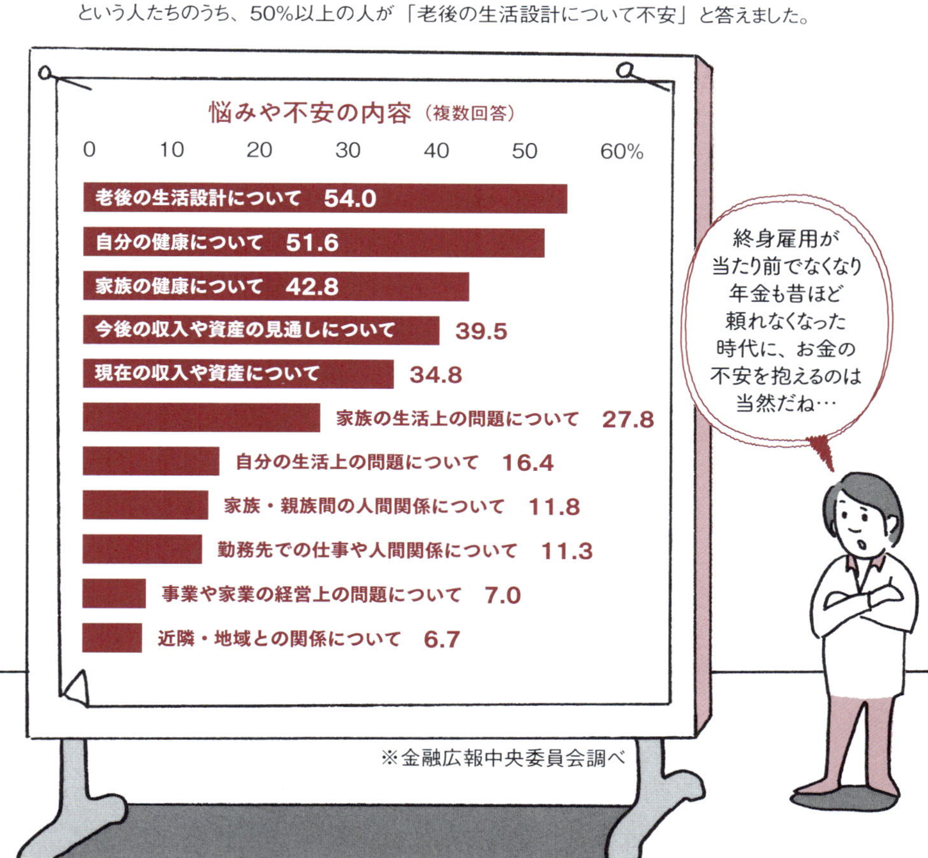

※金融広報中央委員会調べ

人生100年時代③ どう人生を設計すればよいか

終身雇用の時代は終わりを告げようとしています。今必要なのは、社会に出てからも学び続け、実力を高めることです。

現役の世代、特に、20代から40代の方々にとって、どのように人生を設計すればよいかということは、かなり深刻かつ難しい問題です。ヒントは、自分が何をして生きていきたいかを真剣に考えることと、**学び続ける**ことにあるでしょう。「やりたいことを職業にできれば素敵だ」という考えは、多くの人に共通します。やりたいことを見つけるためには、とにかく、学び続けることが欠かせません。その上で、就職・転職や起業、人との出会いなどを通してチャンスをつかみ、実力を高めることが人生100年時代の人生の設計に欠かせないと思います。

学び続けることが大切

終身雇用が期待できないこれからの時代は、個々人が学び続け、実力を高めることがますます重要になっていくはずです。

第２次世界大戦後、わが国では“**終身雇用制度**”が続けられてきました。これは、新卒で企業に就職し、定年まで勤め上げるという働き方です。しかし、今やこの発想は限界です。なぜなら、一つの企業（組織）で生きるすべを身に着けることが、社会の変化に適応する力につながるとは言えないからです。世界は常に変わります。変化に対応するには、自らが変わらなければなりません。つまり、学び続けるのです。時間があるうちに、自分の関心を深め、やりたいことを見つけることが、人生100年時代の生き方の設計を大きく左右するでしょう。

働き方は変化している

以下は2008～2018年にかけての男性の正規・非正規雇用者の推移です。男性は2018年平均で「自分の都合のよい時間に働きたいから」とする人が約171万人（27.7%）と最も多く、前年に比べ約14万人の増加、次いで「正規の職員・従業員の仕事がないから」とする人が約127万人と7万人ほどの減少となりました。

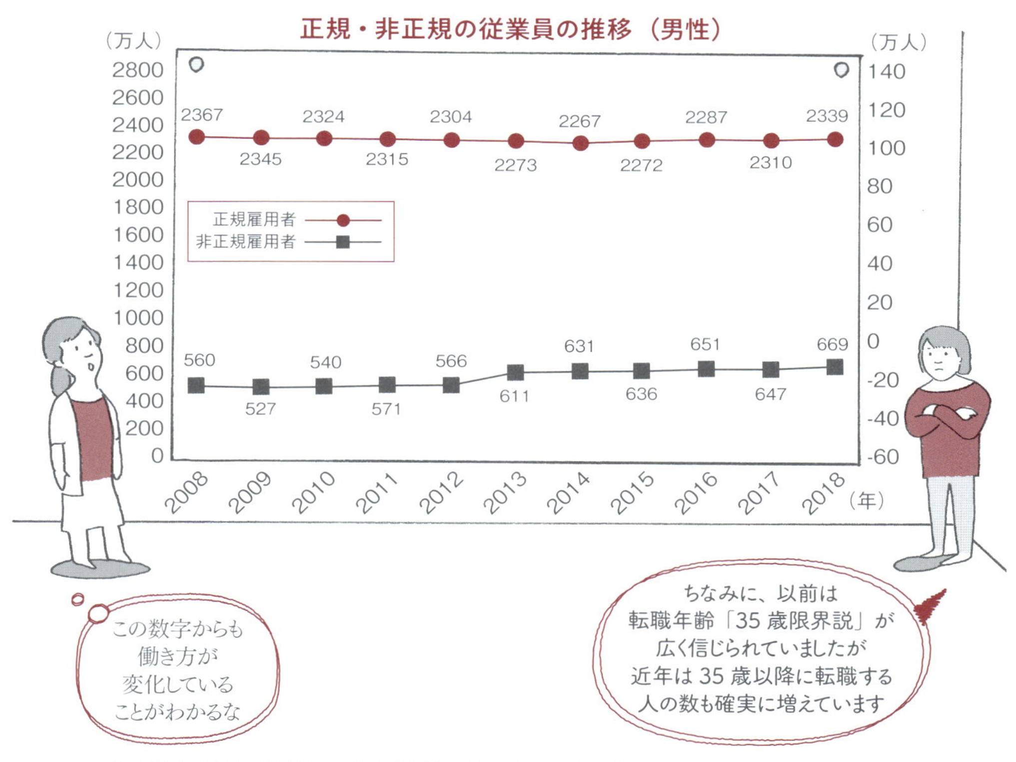

正規・非正規の従業員の推移（男性）

この数字からも働き方が変化していることがわかるな

ちなみに、以前は転職年齢「35歳限界説」が広く信じられていましたが近年は35歳以降に転職する人の数も確実に増えています

出典：総務省統計局「労働力調査（詳細集計）」平成30年平均（速報）

シニア世代にとっての人生100年時代①

07 リタイアしたあとの生活は思ったよりも長い

人生100年時代を生き抜いていくために、資産運用はますます大切になっていきます。

人生100年時代を迎え、定年退職を控える、あるいは定年退職したばかりの人々は、“**長生きのリスク**”にそなえなければなりません。思ったよりもリタイア後の人生が長くなる可能性は軽視できません。長めの目線で考えると、医療に関する技術が高まり、100歳でも元気に過ごすことのできる人も増えるでしょう。一方、年齢を経るごとに、一人で日々の暮らしを送ることが難しくなることも考えられます。このように考えると、現役、リタイアに関係なく、人生100年時代を自分のこととして考える姿勢が大切です。

老後にかかるお金

老後にかかる費用は人や暮らし方によって異なりますが、最低限、以下の4つを勘定に入れて生活設計を行う必要があります。

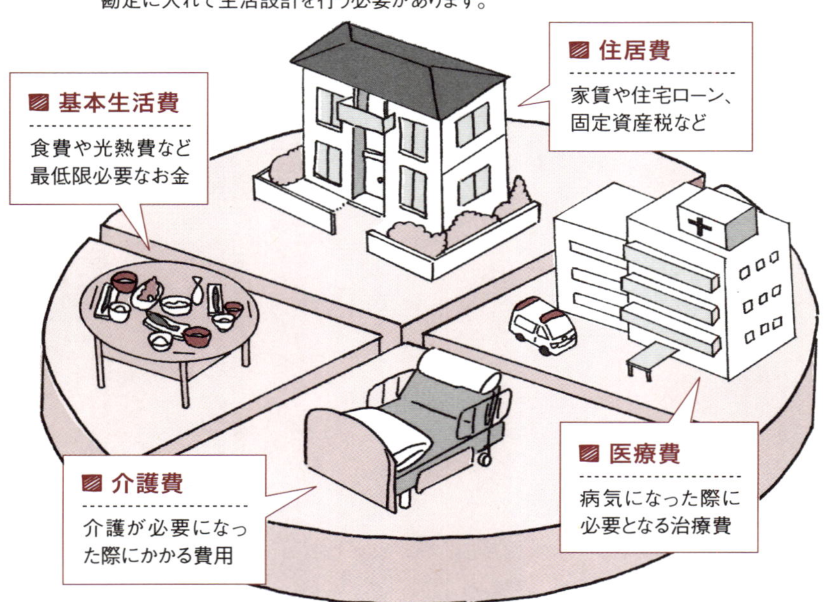

シニア世代の方々も、自分で、自分の人生をより生き生きと、充実感のあるものにすることを目指されたほうがよいと思います。そのために、資産の運用は大きな効力を発揮します。なぜなら、資産の運用には、長期の目線で世界の経済がどう変化していくかを考えることが大切だからです。ゆとりのある範囲で、老後の資金を蓄える一環として資産を運用し、世界の変化を考えることは、知的な好奇心にあふれた、意義あることと言えます。それは、お金の面で、思ったよりも長く生きる状況に対応することの一助にもなるでしょう。

資産運用の種類と「リスクとリターン」

資産運用にはさまざまな種類があります。以下の図は、主だった5種類の資産運用の「リスクとリターン」の関係を示したものです。

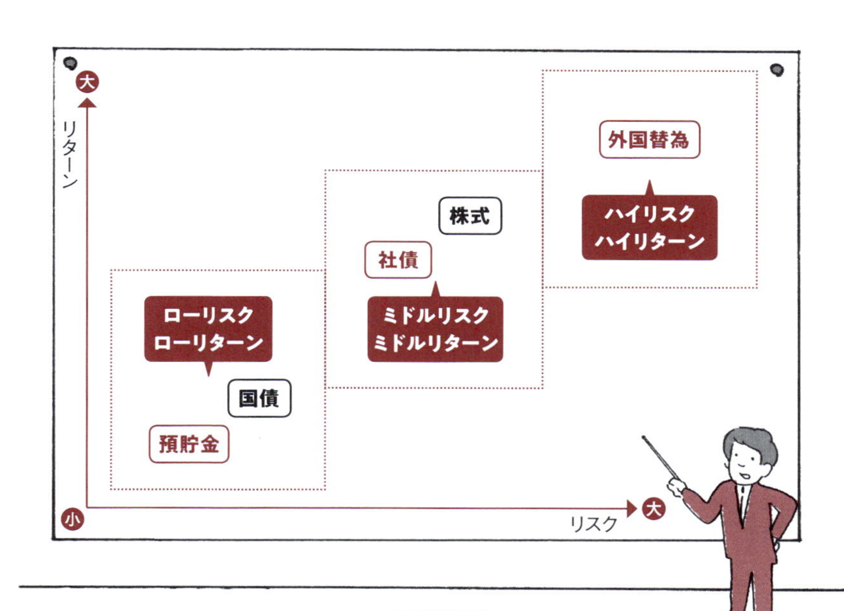

通常の預貯金も金利が発生するため
資産運用の一つと言えます。資産運用にはほかにも
FX や REIT、先物取引、仮想通貨など
多様な種類があり、その商品リスクとリターンの
大小はそれぞれ異なります

シニア世代にとっての人生 100 年時代②

いつまで健康でいられるか

余命が長くなると、その分、必要とされるお金はますます増えていきます。

人生 100 年時代の“**長生きのリスク**”は一人一人にとって重大な問題です。まず、健康に関する問題があります。誰しも、できるだけ長く健康でいたいと思うはずです。しかし、そう思っていても、自分の体が思う通りになるとは限りません。年齢を重ねるにつれ、腰や膝が痛くなる、あるいは記憶力が弱くなってしまうといった問題が起きる可能性は高まります。筆者自身、できるだけ健康でいるために、日々の生活を見直し、心身にストレスがかからないよう心がけています。健康の維持は、長生きのリスクにそなえる最も効果のある対策だと思うからです。

健康に関して抱えている不安（65 歳以上）

あるアンケートでは、65 歳以上の人たちは以下の割合で「健康に関して不安を抱えている」と答えています（複数回答）。

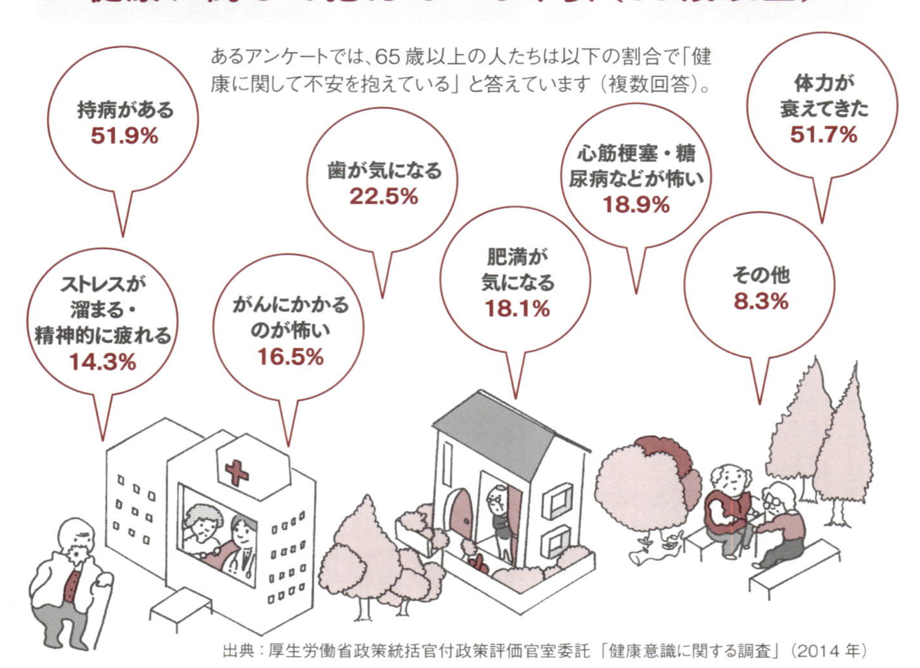

出典：厚生労働省政策統括官付政策評価官室委託「健康意識に関する調査」（2014 年）

健康の維持と向上は、人生100年時代の生き方に大きく影響します。なぜなら、今後、医療にかかるお金はかさむ可能性が高いからです。現在、わが国の医療に関する保険の制度では、原則として、70歳から74歳の方はかかった医療費の2割、75歳以上の場合は1割の負担で診療を受けることができます。一方、高齢化により増加する医療に関する支出は、財政が悪化する一因です。この状況に対応するために、政府は高齢者の自己負担額の引き上げを重視しています。自らの健康を守ることは、医療に関する支出を抑えるためにも大切です。

生涯医療費

一生にかかる医療費は1人あたり約2700万円と言われており、通常、そのうちの約半分は70歳以降に発生しています（2015年度の推計）。

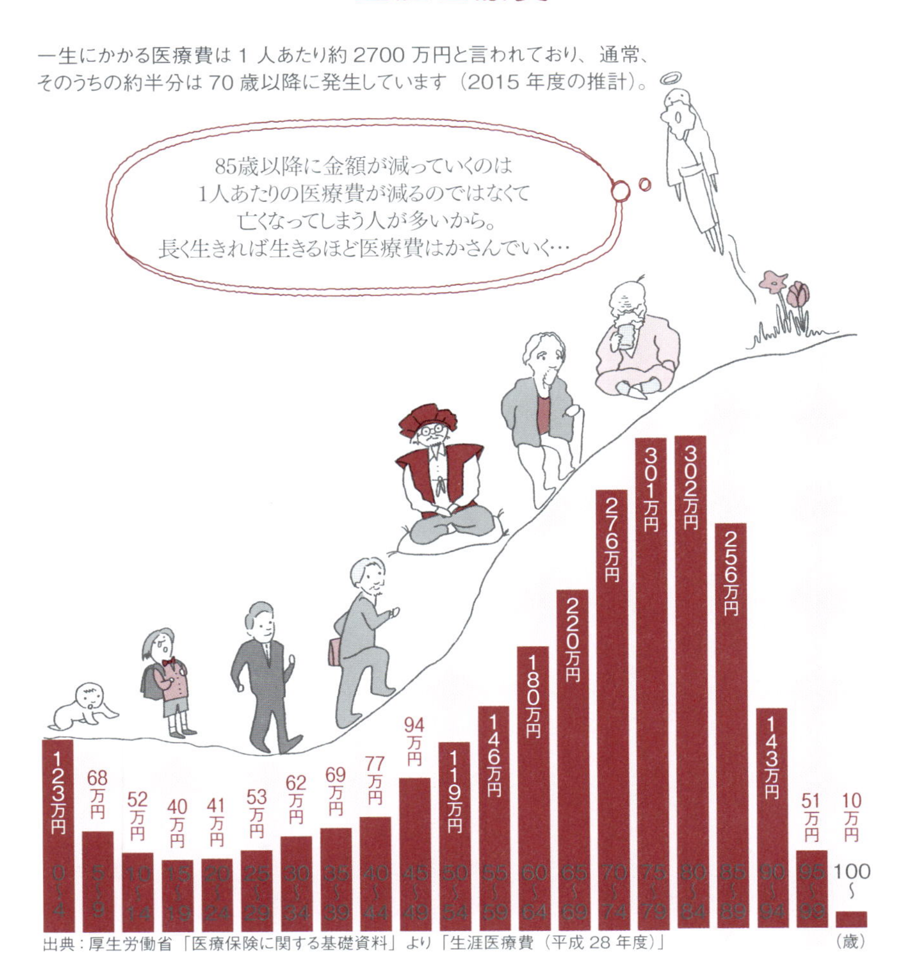

85歳以降に金額が減っていくのは
1人あたりの医療費が減るのではなくて
亡くなってしまう人が多いから。
長く生きれば生きるほど医療費はかさんでいく…

出典：厚生労働省「医療保険に関する基礎資料」より「生涯医療費（平成28年度）」

09

シニア世代にとっての人生100年時代③

子や孫に負担はかけたくない

人生100年時代には、医療ばかりでなく、介護の負担も増加していきます。

介護をどう考えるかも、医療と同じく、人生100年時代と切っても切り離せない大切な問題です。多くの方が、「老後の暮らしで、子や孫に迷惑はかけたくない」と思われるでしょう。同時に、できるだけ家族で一緒に過ごしたいという思いも、多くの人に共通するはずです。この結果、実際に一人で生活を送ることができなくなると、**介護の問題**が家族にとって大きな負担になることが少なくありません。親の介護のために仕事を辞め、実家に戻らざるを得なくなったという話も、よく耳にします。

認知症高齢者も増加していく

これからの時代、高齢化が進み介護が必要な人の割合が増えるだけでなく、認知症高齢者も増えていきます(カッコ内は65歳以上人口対比)。

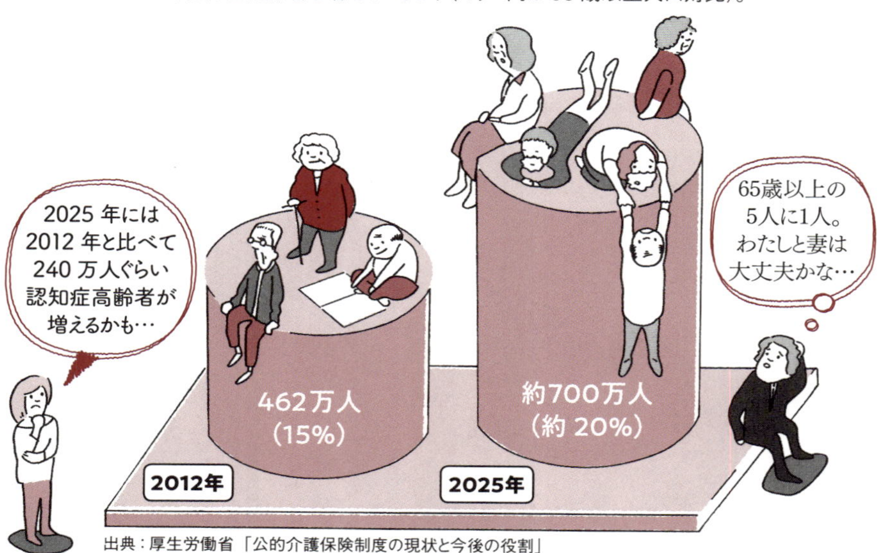
2025年には
2012年と比べて
240万人ぐらい
認知症高齢者が
増えるかも…
462万人
(15%)
約700万人
(約20%)
2012年
2025年
65歳以上の
5人に1人。
わたしと妻は
大丈夫かな…

出典:厚生労働省「公的介護保険制度の現状と今後の役割」

2000年、わが国は介護保険制度をはじめました。これは、加入する者が保険料を納め、要介護認定を受けた上で介護に関するサービスを利用する公的なしくみです。わたしたちは、40歳になる月から介護のための保険料を支払う義務を負います。これは、現役世代にとって無視できない負担です。医療保険と介護保険を両方利用する場合、高額医療・高額介護合算療養費制度にもとづき上限が定められています。ただ、医療と同じく介護に関しても自己負担額の引き上げが重視されています。万が一、要介護の状態になった際、家族でどう対応するか、費用の負担は大丈夫かを家族で話し合い、方針をまとめておくことは大切だと思います。

介護保険受給者数の割合

以下は、「65歳以上における性・年齢階級別にみた介護保険の受給者数及び人口に占める受給者数の割合」です。

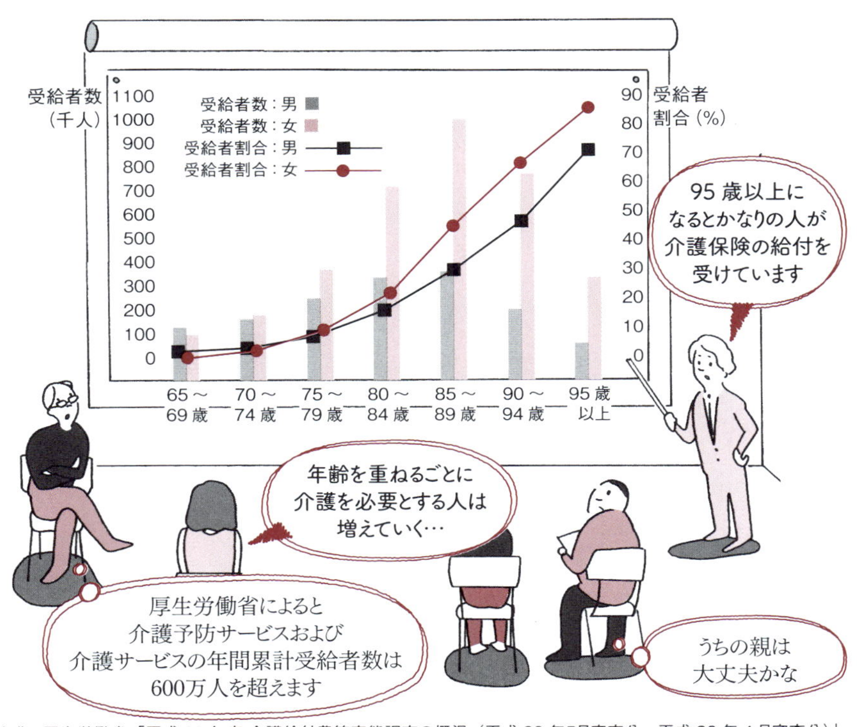

出典：厚生労働省「平成29年度 介護給付費等実態調査の概況（平成29年5月審査分～平成30年4月審査分）」

人生自己責任の時代

人生 100 年時代に豊かで幸せな人生を過ごすためには、「自分の生き方には自分で責任を持つ」ことが大切になります。

人生 100 年時代には、老いも若きも、男も女も、自分の生き方には自分で責任を持つべきです。高度経済成長期から 1980 年代末の“バブル経済”までは、経済の成長が企業の儲けと給料の増加につながりました。就職し、周りとうまくやっていれば、それなりに安定した暮らしを手に入れることができたということもできるでしょう。しかし、バブル崩壊後の経済の低迷に加え、わが国では急速に**人口が減少**しています。人口の減少は、財政の悪化や人手の不足など、経済にマイナスの影響をもたらします。わたしたちは、経済全体の成長を当てにできない時代を生きているのです。

もはやバブル期以前の生き方はできない

バブル崩壊以前は、日本経済は成長するものとの前提で人生設計を行うことができました。しかし現在は、そのような楽観的な人生設計は不可能と言えるでしょう。

その上、高齢化は急ピッチで進んでいます。わたしたちは、自分の人生を、自らの力で豊かにすることに、もっとこだわってよいのです。それが、自分の人生に責任を持つということでしょう。そのために、命の次に大切なお金をいかに守り増やすかは、抜きにできません。お金で幸福を買うことはできません。でも、不幸を追い払うことはできます。不幸を追い払うために、今からお金を増やすことに取り組むことが“**自分の人生に責任を持つ**”ということなのです。

変化する人生の選択肢

かつては一流企業に入り、定年まで勤め上げるというのが「人生の成功」のセオリーだったと言えるでしょう。しかし現在は、大企業といえども安泰とは言えず、あえてスタートアップ企業を選択する若者も増えています。また、近年の副業ブームも、そういった世相の表れと言えるでしょう。

column No.1

目指せ、生涯現役

最近、「人生 100 年時代を生きていく上での基本的、かつ、大切な考え方は何ですか」と聞かれることがよくあります。そうした質問を受けた際、筆者は、「生涯現役を目指されてはいかがですか」とお伝えするようにしています。

筆者の考える生涯現役とは、一人一人が、人生の主役であり続けようということです。常に企業の営業などの最前線で働き続けることが重要ということではありません。自分自身の人生の主役であるためには、“やりたいこと”を見つける必要があると思います。そのためには、学び続けることが大切です。学び続けるという意味での生涯現役を目指すことによって、年齢を重ねるごとに、新しい発見や出会いがあるはずです。

難しいのは、やりたいことが何か、すぐにはわからないことです。これが自分のやりたいことだろうと思って勉強をして実際にやってみたとしても、思っていたものとはかなり違うということも多いのです。同時に、「これは違う」という実感を持つためにも、学び続けるしかないのです。

人生 100 年時代を楽しく、心ゆたかに過ごすには、やりたいことを見つける、それを追い求め続けることが大切です。それが、自らの専門性を高め、環境の変化に適応することを可能にするだけでなく、資産の運用などを通して必要なお金を蓄えるために重要な役割を果たすと信じています。

人生100年時代、個人にとって"お金を生かす"ことが重要

"人生 100 年時代"には、資産を自分で守り、
増やすことが求められます。
そのためには何をすればよいのか、
資産運用の基本を学びましょう。

資産の運用ってなんだ

人生 100 年時代を生き抜くために必要な資産運用。ところで、そもそも“資産の運用”とは何なのでしょうか。

現在、わが国の経済が高い成長を遂げることは難しくなっています。わたしたちは、自らの努力で“資産”を“運用”し、お金を増やすことを真剣に考える必要があります。まず、**資産の運用**とは何か、基本的な考え方を確認しておきましょう。**資産**とは、わたしたちが持つ経済的な富（あるいはそれを生み出す可能性のあるもの）のことを言います。お金（現金）は資産の最も身近な例です。そのほかにも、株式や債券、不動産なども資産です。

資産とは？

資産とは、個人や企業が所有する経済的な富のこと。「金銭」「株式」「債券」「不動産」など、あるいはお金に換えることができる所有物の総称です。

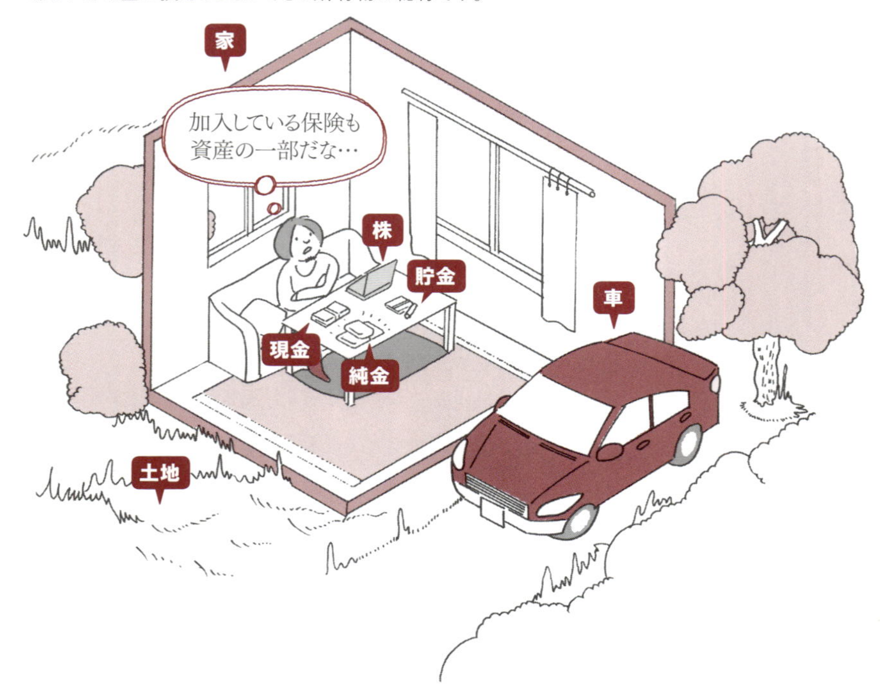

次に**運用**の意味を確かめておきましょう。運用とは、そのものの持つ強み（機能）を生かすことです。資産の運用とは、それぞれの資産の特徴を把握し、その価値を増やすことと定義することができます。よく知られた資産運用の方法に、**貯蓄**と**投資**があります。貯蓄は読んで字のごとく、貯め、蓄えることを意味します。その代表格が、預貯金です。お金を貯めること、イコール、貯蓄です。一方、投資とは一定のリスクをとって、それに見合った利得を得ようとすることです。なお、リスクとは、予想と異なる結果になることです。

運用とは？

資産運用の主な方法には「貯蓄」と「投資」の２種類があります。どちらも将来のために資産を作るという目的は同じですが、その性格は異なります。

どうやって、資産を運用すればよいか

かつて日本では“投資は危ない”というイメージを持つ人が大多数でした。しかし、それは本当なのでしょうか？

資産の運用に関して、わが国では、多くの人が投資よりも貯蓄を重視してきました。その背景には、株式などに投資を行うことは、ある意味“ギャンブル（ばくち）”に近いという“思い込み”が強く働いています。ある知人は、小さい頃から投資は危ない、危険だと親に言われてきたと話していました。そうした経験をお持ちの方は少なくはないでしょう。資産運用のために重要な“投資”を“危ない”と考える心理は、わが国における人々の生き方にかなり強い影響を与えています。

主な投資の種類とその特性

国内の預貯金や債券はリスクが低い。不動産や株式は価格変動のリスクが…

資産を運用するポイントは、運用の対象の特性をしっかりと理解することです。その上で、**長期の視点**で経済がどう変化するかを考え、相対的に高い利得を得られると期待できる資産にお金を投じることが重要です。一度に大きな金額を投資し、目先の利得を手に入れようとすべきではありません。その考えが強くなりすぎると、冷静に周囲の状況を確認することが難しくなってしまいます。プロの世界でも、短期の目線で勝負し、利得を獲得し続けることは、かなり難しいのです。

03 専門家に任せればいいのでは？

わからないことは専門家に任せる！……それが正しい判断となる場合もあります。しかし、資産運用についてはどうでしょうか？

資産をどう運用すればよいかわからないという人は少なくありません。そうした人にとって、プロの投資家（運用会社などに勤める**ファンドマネージャー**）に資金を預け、運用してもらうことは、魅力的に映るようです。「プロが運用するのだから、自分でやるよりもよりよい成果が得られるはず」と直感的に期待してしまうのが人情なのでしょう。人生の設計に関するアドバイスを基にして、資産の運用に関するコンサルティングを希望する人も少なくはありません。

専門家に任せた場合のメリットとデメリット

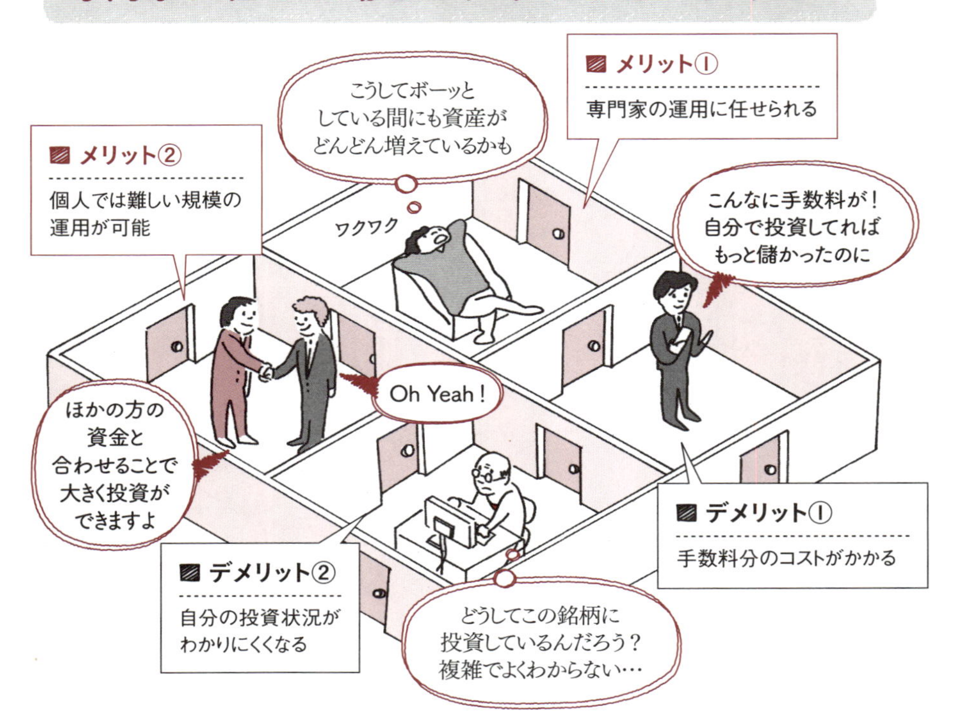

そうした需要があることは、ビジネスの発展には大切です。しかし、第１章でお話しした通り、人生は自己責任です。資産の運用も同じです。うまくいくこともあれば、失敗することもあります。重要なことは、**自分自身で失敗の原因を考え**、目指した結果が得られるように努めることです。それが、資産を運用するために欠かせない姿勢だと思います。プロに任せたい人を無理に止めることはできませんが、他者に頼む前に、まずは自分自身でやってみる。その**経験を次に生かす**ことが資産の運用には欠かせません。

資産運用は自己責任

金融機関や資産運用会社にいる投資の専門家は確かにプロですが、
相応のコストがかかる上、必ずうまくいくとは限りません。

IFAとは？

Independent Financial Advisorの略で、特定の金融機関や資産運用会社に属さず、中立的な立場から資産運用のアドバイスを行う専門家のことを言います。

資産を運用するにもコストがかかる

資産を増やすことが目的なのに、それに高いコストをかけてしまっては、本末転倒になりかねません。

何事も、プロフェッショナルに仕事を依頼するには、お金（コスト）がかかります。資産の運用の目的は、自分が使うことのできるお金を貯め、増やすことです。付随するコストは減らすに越したことはありません。言い換えれば、コストをかけずに資産の運用が行えるように、自分でできるようにすればよいのです。投資から得られる利得も損失も、将来の展開に左右されます。将来は自分の力ではコントロールしきれません。反対に、自分自身で勉強を重ね、資産の運用に関する知識などを身に着ければ、コストを削減することは容易になります。

自分で学んでコストを削減

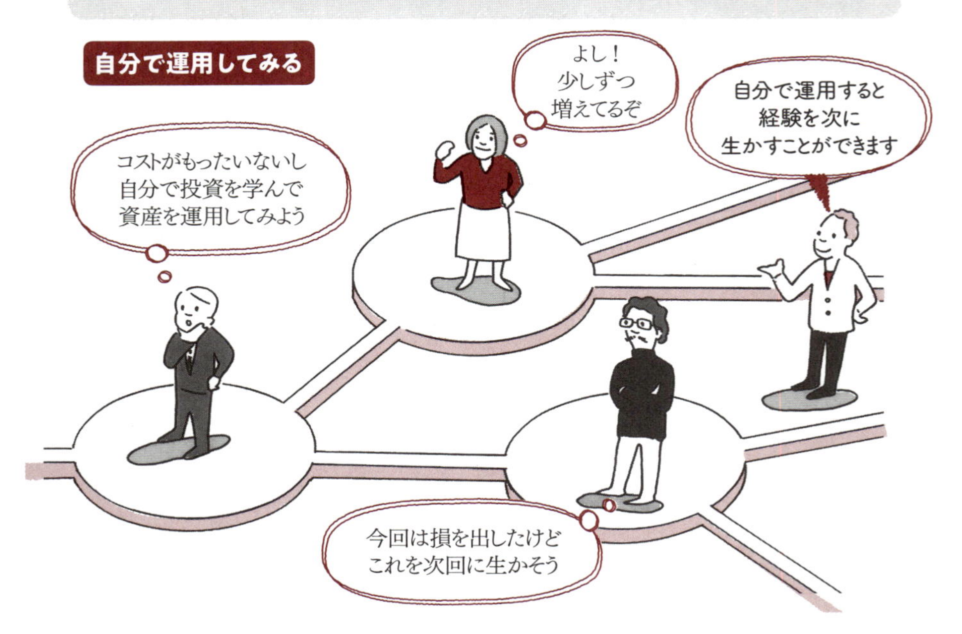

運用会社などに所属するプロのファンドマネージャー（資産を増やすために、国、企業などお金を投じる対象を決める人）に資産の運用を任せるには、**相応の手数料**を支払わなければなりません。長い期間、コツコツと利得を積み重ねることができる腕のよいファンドマネージャーほど、高いお給料を得ています。また、どの企業に投資するのがよいかなどを調べるにも、コストがかかります。そうしたコストは、プロに資産の運用をお願いした人が負担するのです。コストの分だけ、得られた利得は減ってしまいます。

コストをかけて専門家に運用してもらう

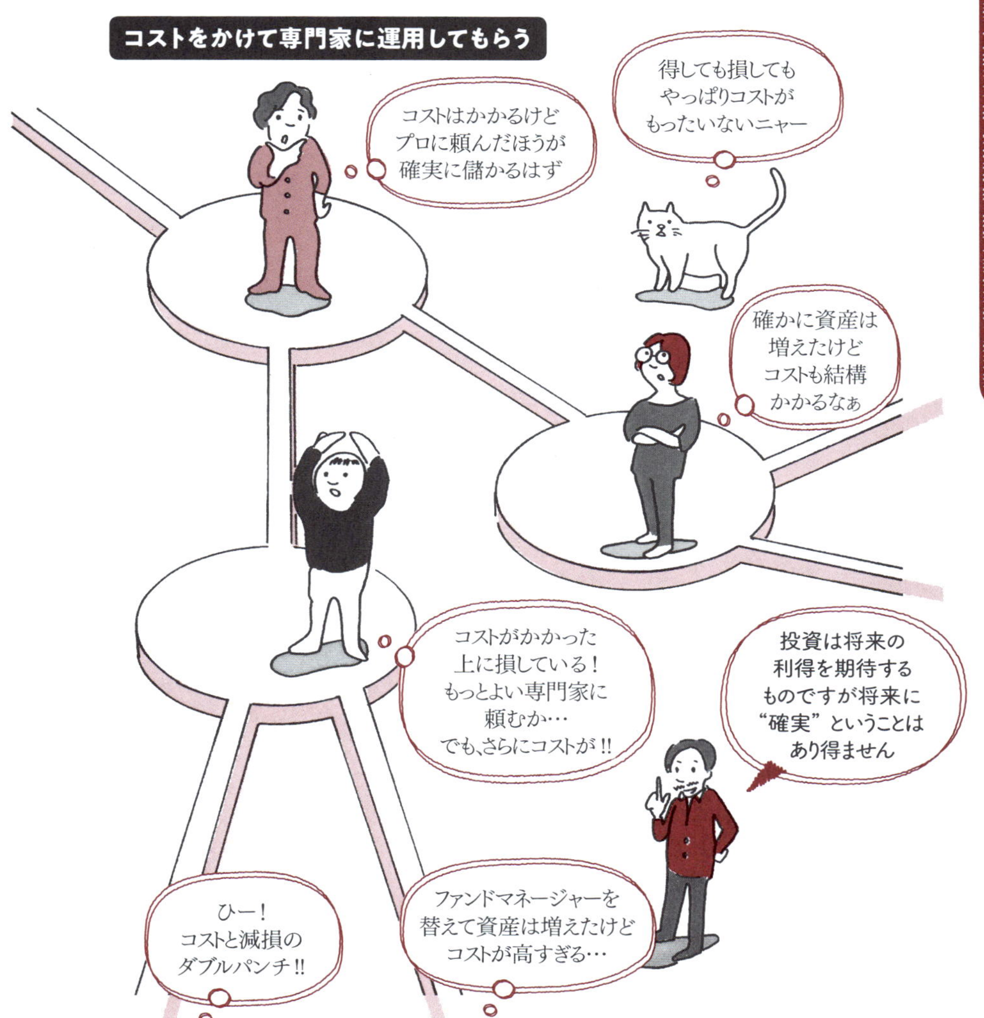

高成長が見込めない日本経済

残念ながら、これからの日本の経済は縮小していくことになるでしょう。だからこそ、それにそなえることが大切なのです。

今後、わが国の経済が高い成長率を実現することは期待できません。その中で、個人が自分の力で、自分のお金（資産）を増やすことの重要性は高まっていきます。わが国では、少子化と高齢化、それに加え人口の減少が3つ同時で進んでいます。この状況が続くと、経済の大きさは、徐々に縮小していくでしょう。わかりやすく説明すると、人口が減るに伴い、国内では消費が減ります。企業が働き手を確保することも、難しくなっていくでしょう。現役世代は将来への不安を強め、消費は増えづらくなっています。

経済縮小の負のスパイラル

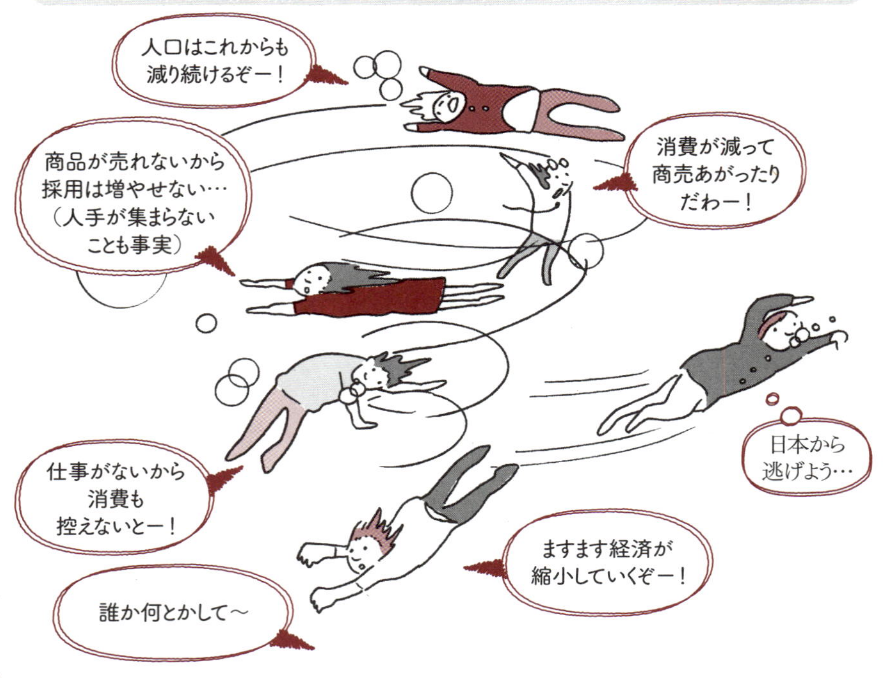

この状況を打破するために、日本銀行（わが国の中央銀行。日銀）は、積極的にお金のレンタル料である“金利”を引き下げてきました。日銀はそれによって、企業の設備投資が増え、雇用や賃金も増えると考えたのです。しかし、金利が低下しても、経済の成長力は高まっていません。成長力が上昇しづらいということは、多くの人や企業が新しいものやサービスを欲しがらなくなっていることの裏返しです。これを、**需要が低迷している**と言います。金利が低水準で推移する中、預貯金を増やしても、資産は増えません。高い成長が期待しづらい中、貯蓄と投資を組み合わせてお金を増やす意義は高まっています。

金利の引き下げとマイナス金利

日銀は景気回復のため金利の引き下げや資金の供給を強化してきました。2016 年には、さらに金融の緩和効果を高めるために、「マイナス金利政策」を導入しました。

06 新卒で就職し、定年まで働き続けることは難しい

かつての日本では、終身雇用や年功序列が常識でした。しかし、これからの時代は変化に対応する能力が必要となってきます。

経済の高い成長が期待しづらい中、わたしたちは従来、多くの人が共有してきた考え方（常識）を見直し、新しい考え方を取り入れ、実行していく必要があります。戦後の長い間、わが国では、**新卒一括採用・年功序列・終身雇用**が当たり前とされてきました。大学などを卒業した人は、4月になると一斉に企業に就職します。また、年齢とともにお給料が増えます。昇進は、能力より、入社の年次が重視されました。雇用は、終身雇用が当たり前でした。昇進を重ねる中で、上役の覚えめでたき一握りの人が役員に登用されました。これが、わが国における“働き方”の“常識”でした。個人の能力・成果よりも組織全体の調和が重視されたのです。

高度経済成長時代の一般的な会社員

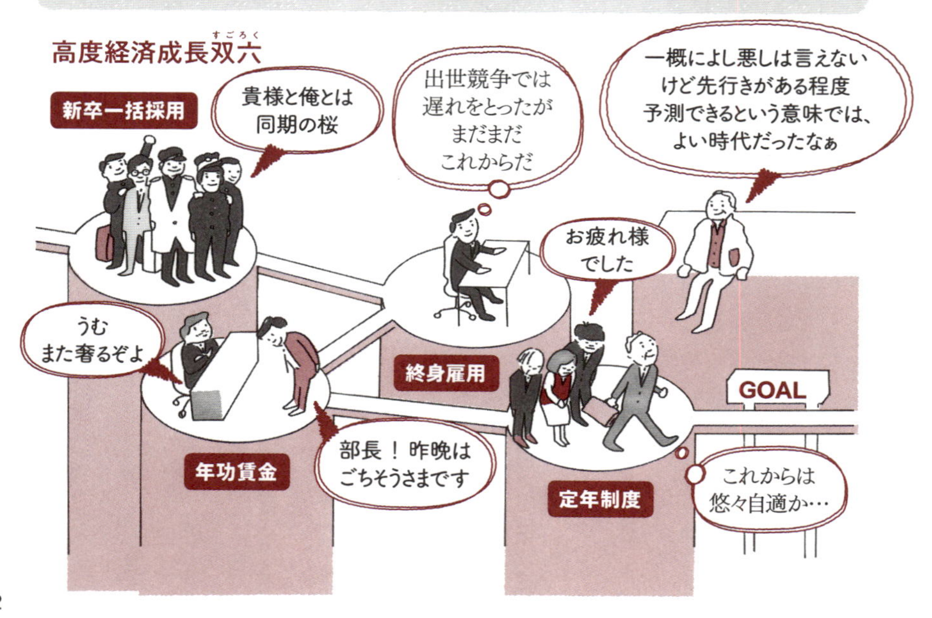

高度成長期、企業は国内の需要を取り込み、儲けと給料を増やすことができました。それが、“和をもって貴しとなす”の精神にもとづく年功序列や終身雇用などを支えました。資金需要は旺盛であり金利も高かったのです。預貯金で相応の利得を得ることができた時代でした。今日、企業は国内の需要では成長することができません。企業は成長への期待が高い海外に出ていかざるを得ません。海外の常識は、わが国の常識と異なります。変化に適応し、成果を生み出すことのできる人が求められています。わが国の“働き方”は大きく変わってきているのです。それに合わせて「資産運用＝預貯金」という発想も見直されるべきでしょう。

「資産運用＝預貯金」時代の終焉

1990 年代後半から続く超低金利時代には、よほどの蓄えがない限り、
預貯金や国債の運用などで老後を乗りきることは困難と言えるでしょう。

長期金利の推移（10年物国債の利回り）

出典：財務省

1990年以降、わが国の長期金利は低下し、預貯金などの利率も下がっています。2016年以降は長期金利がマイナスになる場面も

確かに年率7％も金利があったらあえてリスクはとりたくないかも

公的年金は当てにできない

少子高齢化の現在、わが国の公的年金が採用している賦課方式には問題があるようです。

わが国の公的年金は、基本的に**賦課方式**の考え方を基に運用されてきました。賦課方式とは、働く人々が保険料を支払い、そのお金で高齢者を支える考え方を言います。この考え方にしたがって年金の制度を続けていくことはかなり難しいと思います。なぜなら、賦課方式は、人口が増えることを大前提にしているからです。人口が増え、家計の所得や貯蓄が増えるのであれば、現役の人一人一人にかかる負担を抑えつつ、社会全体で高齢者を扶養していくことは可能です。

積立年金と賦課年金

積立方式

あらかじめ積み立てておいた保険料およびその運用収入で年金の給付を行うしくみ。いわば貯金のようなもの。

高度成長期に入るわずか前の1950（昭和25）年、わが国では、高齢者（65歳以上）1人を12人ほどの現役世代（15～64歳の者。15～64歳の人口を生産年齢人口と言う）が支えていました。しかし、人生100年時代を迎え、高齢者が増える一方で、高齢層を支える現役世代の人口が減っているのです。2015年には高齢者1人を支える現役世代の人数は2.3人に落ち込みました。まさに、現役世代に、高齢化と少子化の負担が重くのしかかっています。2065年、政府の試算では高齢者1人を1.3人の現役世代が支えることになるとされています。現役世代への負担が増す中で賦課方式を基本とする公的年金を当てに人生を設計することは、かなり不安だと思います。

賦課方式

年金給付をその年の歳入でまかなう、すなわち現役世代が高齢者の年金を支える方式。

08 年金を自分で作る

少子高齢化が進む現在、公的年金の改革は喫緊の課題ですが、問題はそう簡単ではありません。

前頁で解説した通り、年金のしくみには“**積立**”制度という考え方もあります。積立制度とは、老後に受け取る年金を、現役の間に積み立てておくしくみを言います。本来であれば、わが国の年金制度は積立制度に移行すべきです。ただ、今あるしくみ（賦課制度）で年金を受け取っている人の暮らしを保証する必要があることを考えると、賦課方式から積立方式に年金の制度をシフトさせるのは、口で言うほど容易なことではありません。高齢者の受け取る年金の額を維持しつつ、積み立てに回すお金を貯めることは、現役の人への負担が増えることにもなるでしょう。そのため、公的年金の改革は一朝一夕には進まないのです。

年金を積立方式に変えようとすると…？

今の高齢者を支えつつ
将来の積み立て分も
納付してください
だったら(もし可能なら)
年金を払わずに
自分で資産を運用
したほうがいいようにも
思えてしまう…
経済の大幅成長が
期待できない現在
年金制度を
改革するのは
かなり難しい

このように考えると、人生100年時代、現役の方々が公的年金を当てにして老後の暮らしを考えることは、かなり難しいでしょう。年金は、国に頼るのではなく、自分の力で蓄え・増やす考えが、今後の生き方に大きな影響を与えると言っても過言ではありません。特に、20代や30代など、「老後のことなどまだまだ先」と思っている人にとって、今がチャンスです。なぜなら、**老後まで時間があるから**です。時間があるということは、資産を運用するためにとても大切なことなのです。

若いうちから資産運用することのメリット

たとえば今10万円あったとします。これを年間複利7%の利回りの金融商品に投資をすると、今ある10万円は10年後に約2倍になります。利息が翌期の運用に回ることで、追加で多くの利得が生み出されます。これを複利の効果と言います。

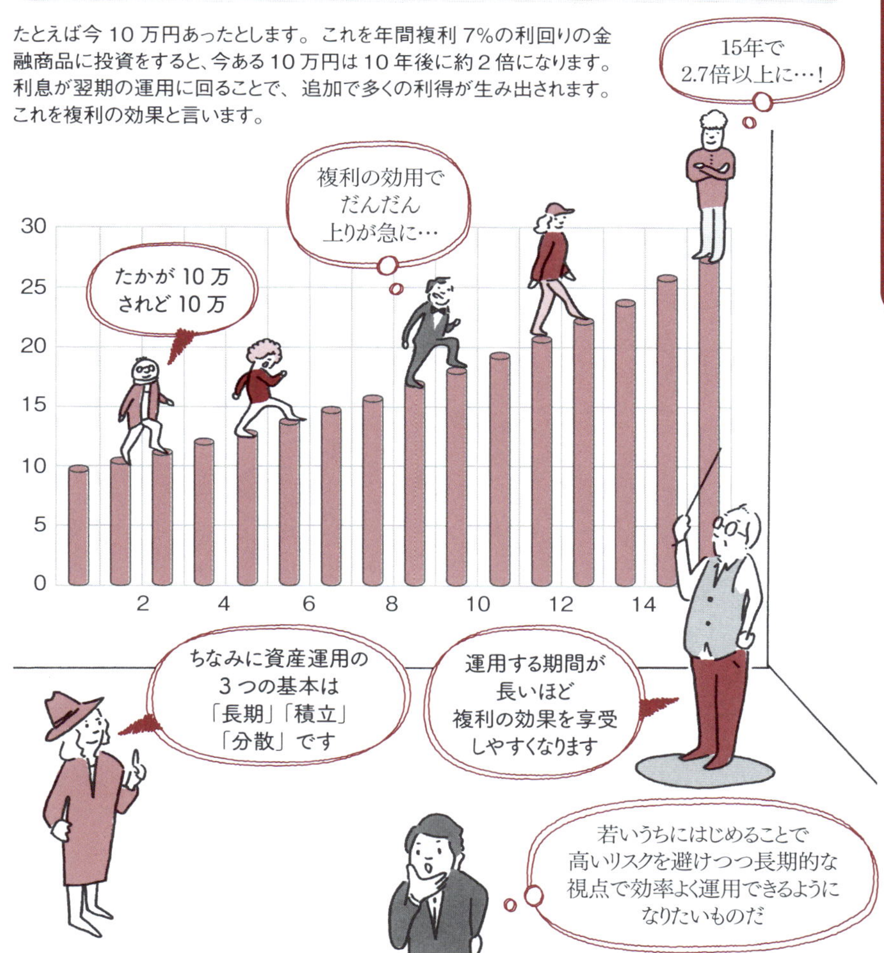

09 お金の役割・効用を考える

お金で幸福を買うことはできません。しかし、時としてお金は不幸を追い払ってくれます。

これまで自分で資産運用することの大切さを説いてきました。では、なぜそこまで自分で資産を運用することにこだわる必要があるのでしょう。この問題を考えるためには、最も重要なお金の役割、あるいは効用を考えるとよいと思います。筆者は、“**不幸を追い払うこと**”がお金の最も重要な効用だと思います。お金があれば、病気になった際に病院に行き、必要な治療などを受けることができます。また、子どもによい教育を受けさせることもできるでしょう。

お金の役割は“不幸を追い払う”こと

言い換えれば、お金があれば、心に“ゆとり”を作ることができるのです。ゆとりを持って人生を送るために、自分のペースで資産を運用し、お金を増やすことは、とても大切です。　反対に、お金で幸福は買えません。お金は幸福を手に入れるために大切な要素ではあります。しかし、お金が幸福に必要な条件であるとは言えないのです。お金をたくさん持っていても、いつも憂鬱で、不満をこぼしている人もたくさんいます。

幸福はお金では買えない!?

2002年にノーベル経済学賞を受賞した心理学者ダニエル・カーネマンと、2015年に同賞受賞の経済学者のアンガス・ディートンは、「幸福度は年収7万5000ドル（約800万円）までは収入に比例して増えるが、それを超えると比例しなくなる」との研究結果を発表しました。

10 人生100年時代、資産は自分で守り、増やそう

人生100年時代、個人が資産を運用することの重要性はますます高まっていきます。

突き詰めて言えば、自分で資産を運用してお金を増やそうとすることは、自分や家族などの大切な人を守り、豊かな暮らしを手に入れることに欠かせません。人生100年時代、自分で資産を運用することは、**生き方を左右する**と言っても過言ではありません。人生を豊かにするために、資産の運用は切り離せないのです。そう考えると、自分で自分の資産を運用することを、もっと身近に、そして、大切なこととして考えていただけると思います。

資産運用は避けて通れない大切なこと

現在、年金以外で老後に必要なお金は約2000万円とも、それ以上とも言われています。一概にいくら必要か、言いきれません。老後を安心して暮らしていくためには、資金運用は避けて通れないのです。

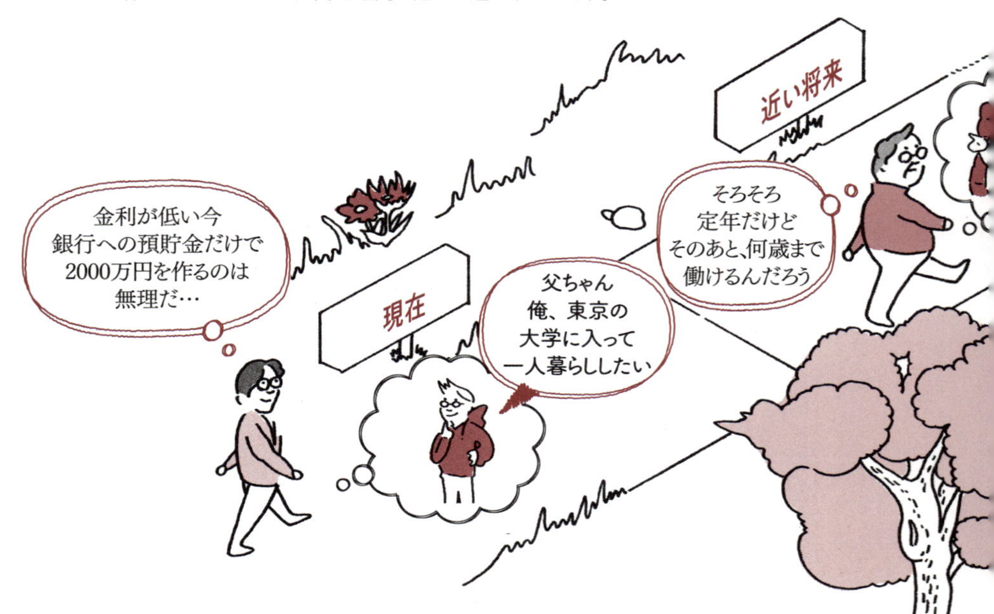

米国の高校などでは、**パーソナルファイナンス**（お小遣い帳の付け方にはじまりクレジットカードの使い方、アパートの契約書の読み方など個人に必要なお金に関する知識）を必修にしている学校があります。わが国では、そこまで金融や経済に関する教育が充実していないのが実情です。一方、わが国において個人が資産を運用することの重要性はますます高まっていくでしょう。人生100年時代、自ら学び、その上で資産を自分で守り、増やそうとすることは、多くの人にとって避けて通れない大切なことです。

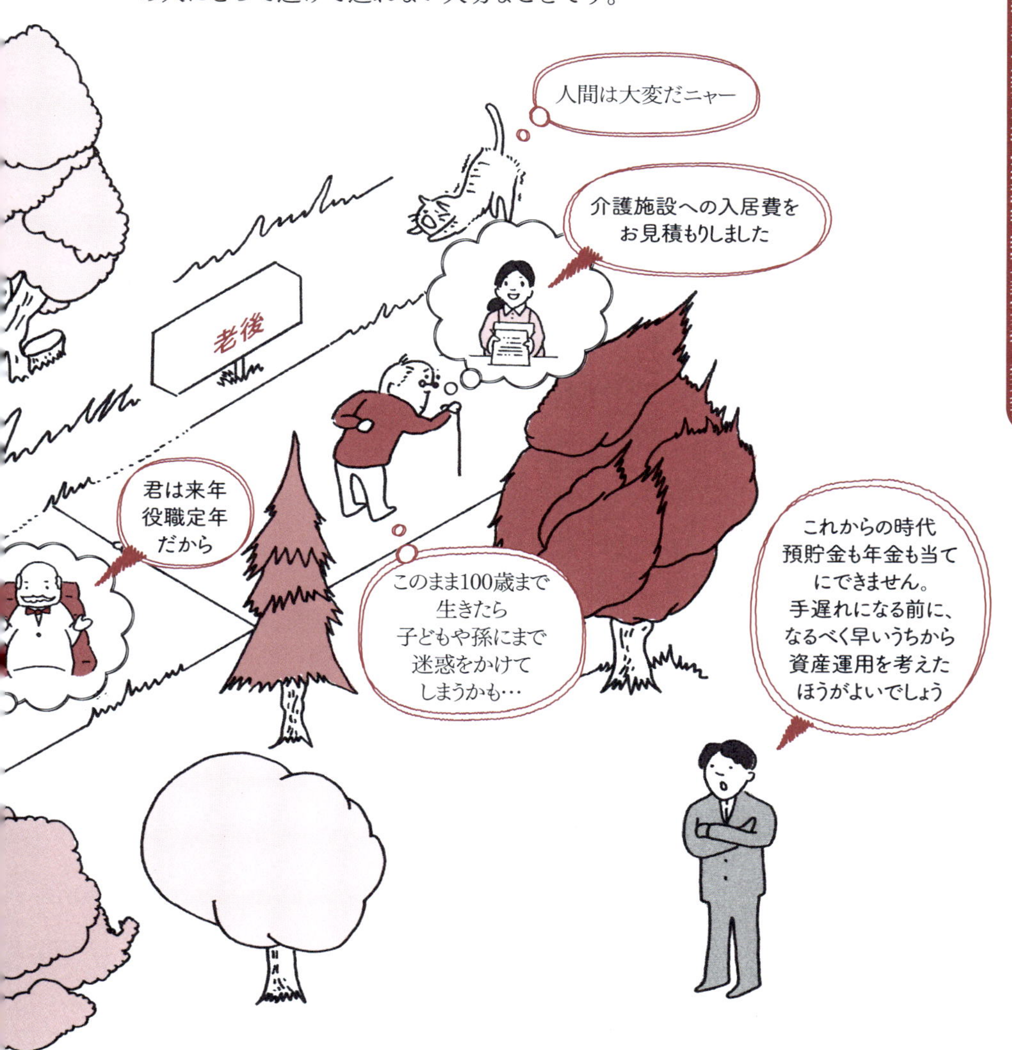

PART 1

資産運用 用語集

Chapter01 ～ 02では、人生100年時代のシビアなお金事情について学んでいきました。その中から掘り下げて知っておきたい重要単語を紹介します。

KEY WORD

GDP（国内総生産）

GDPとは、国内で生み出される付加価値を足し合わせたもの。わかりやすく言えば、企業の収益と、わたしたちが受け取るお給料の合計。GDPは四半期ごとに速報値と、改定値が発表され、経済のよしあしを判断する最も重要な指標である。

KEY WORD

継続雇用制度

継続雇用制度とは、企業が雇用している高齢者に関して、本人が希望すれば定年後も継続して雇用する制度のこと。高年齢者雇用安定法の改正を受けて、希望する者すべてを対象とすることが定められた。

KEY WORD

35歳限界説

35歳限界説とは35歳を過ぎると転職が難しくなるという考え方を言う。ただし、実力があれば、年齢に関係なく必要とされることは当たり前である。転職を行う、あるいは一つの組織で働き続けるのではなく収入源を分散するためには、年齢に関係なくスキルの向上を目指すことが重要。

KEY WORD
価格変動リスク

価格変動リスクとは、株式などの資産の価格に関する不確実性のことを言う。日々、株価は需給や企業業績に関する情報によって変動する。上がると思った価格が下がる、下がると思ったのに値段が上がってしまうことが価格のリスクである。

KEY WORD
為替レート

為替レート（外国為替レート）とは、二国間の通貨（米ドルと日本円、ユーロと米ドルなど）の交換比率のことである。為替レートは常に外国通貨の市場において形成され、変動性が高い。

KEY WORD
マイナス金利

マイナス金利とは、金利の水準がマイナスになることを言う。2016年1月に、わが国の中央銀行である日本銀行は短期の金利をマイナスに設定し、マイナス金利政策を導入した。ユーロ圏でもマイナス金利政策が運営されている。

KEY WORD
10年国債

10年国債とは、国が借金を行い、10年後に利息と元本を合わせて返済することを券面に示した借用証書（債券）のこと。10年国債の流通利回りは、長期金利と呼ばれ、主要国の金利水準を確認する際に参照されることが多い。

KEY WORD
経済のグローバル化

経済のグローバル化とは、多国間の経済連携や規制の緩和、IT通信技術の普及とともに、各国の経済的な関係が強化されてきたことを言う。グローバル化は自由貿易体制の強化などを通して世界経済の成長を支えたと考えられる。

column No.2

わが国の幸福のモデルの終焉

第２次世界大戦後から1990年代まで、わが国では「大学を卒業し、多くの人が知っている有名な企業に入れば、人生安泰」と考える人がかなり多くいました。特に、年齢を重ねるごとにお給料や役職が上がり、定年退職までの雇用が保証されていたことは、多くの人に、「正社員として就職できれば、あとは大丈夫」という、大きな安心感を与えました。

言い換えれば、わが国では多くの人々が若年時代の低賃金と引き換えに、正社員としての雇用の保証を企業から得てきたのです。これは、高度成長期からバブル経済期にかけての、わが国の“幸福のモデル”です。

しかし、1990年代、わが国の幸福のモデルは限界に直面しました。特に、1997年以降、それが明らかになりました。金融システム不安が深刻化し、かつて多くの学生が就職を希望した都市銀行の一つであった北海道拓殖銀行や、わが国経済の復興と成長を長期の資金供給から支えてきた日本長期信用銀行が経営破綻に陥ったのです。この２行をはじめとする大手金融機関の経営破綻は、終身雇用のリスクを人々に突き付けたと言えます。一つの企業で、定年まで安泰に勤め上げるという考えは、長期的に続けられるとは限らないのです。

その後、経済のグローバル化が進んでいます。企業は海外への進出を加速させています。外部プロ経営者の登用、転職の活発化、非正規雇用の増加など、かつての“幸福のモデル”が想定しなかった生き方が、当たり前になっています。

わが国は、フリーエージェント（いずれの企業や組織とも契約できる働き方）の時代を迎えたのです。自分の人生は企業における勤め方を前提に考えるのではなく、自分が何をやり、どう生きたいかをベースに考えていったほうがよいでしょう。

投資に必要なリスクとリターンの関係理解

投資にリスクはつきものです。
しかし、リスクを恐れてばかりでは何もはじまりません。
正しい知識を得て、経験を積めば、
投資は決して怖いものではありません。

01 リスクってなんだ

「投資にはリスクがつきもの」と言いますが、そもそもリスクとは何を意味するのでしょう?

第3章では、投資を行うために絶対に理解しなければならない“リスク”と“リターン”を徹底的に説明します。まず、重要なのが“リスク”です。リスクとは、不確実性に関する概念です。たとえば、あなたが高速道路で自動車を運転していたとき、渋滞に出くわしてしまいました。一般道なら空いているだろうと判断し、あなたは高速道路をおり、一般道に向かいます。しかし、想定と異なり、一般道も渋滞していました。この、“**予想と異なる結果**”がリスクです。

リスクとは“不確実性”のこと

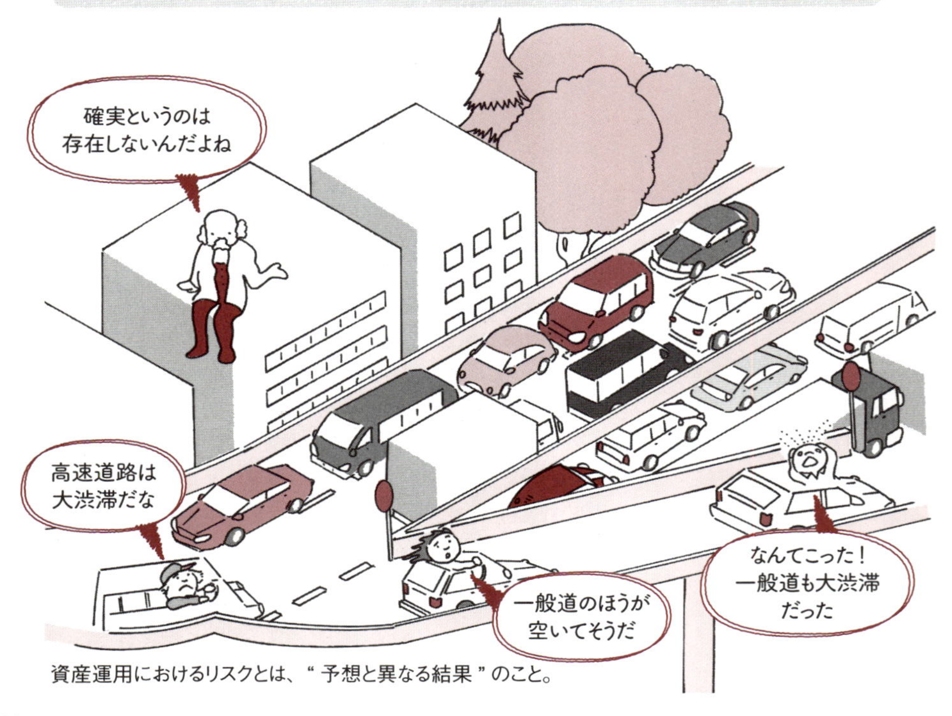

資産運用におけるリスクとは、“予想と異なる結果”のこと。

資産の運用におけるリスクとは、価格（価値）の変動性を意味します。価格の振れ幅が小さいことをローリスクと言います。また、振れ幅が大きいことをハイリスクと言います。ポケットの中の財布に入っているお金＝現金の価値は、基本的には一定です。明日も、1年後も、その価値は大きくは変わらないでしょう。事実上、現金のリスクは極めて低いのです。一方、株式の価格（価値）は一定ではありません。経済の状況などによって、株式の価格は大きく変動します。

現金や預貯金の場合

02 リスクは“危険”とは違う

リスクという言葉に対してネガティブなイメージを持っている人も少なくありません。でも、それは思い込みの可能性があります。

よくある勘違いが、「リスクは“危険”と同じ意味だ」というものです。これは、間違いです。**リスクと危険**は同じではありません。あなたが日本の企業の株を持っていたとしましょう。あなたが、「株価は十分上昇した。もうピークを過ぎた」と考えて株を売却したとします。しかし、予想に反して株価は上昇を続けました。これがリスクです。反対に、株価が安いと思って購入したあと、ずるずると株価が下げ続けることもあります。これもリスクです。

リスクと危険は同じ意味ではない

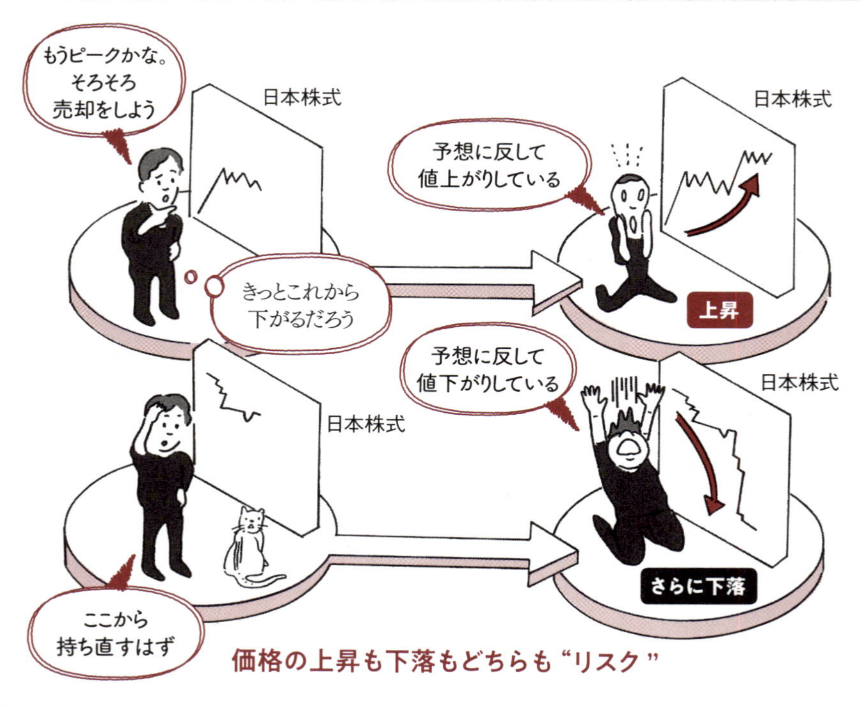

価格の上昇も下落もどちらも“リスク”

反対に、危険とは、悪い結果が起きる可能性があることを意味します。冬の寒い日に、学校のプールに薄い氷が張りました。その氷に乗って遊ぶのは、本当に危険です。なぜなら、薄い氷は簡単に割れてしまうからです。乗って遊べば、冷たいプールに落ちてしまう“恐れ”があります。危険だと思うとき、あらかじめ、かなりの確率で好ましくない結果が想定されているのです。わが国では、株式への投資は危ないと考える人が少なくありません。しかし、実際に株式に投資をしてみると、儲かることもあれば、損をすることもあります。「株式投資は危ない」という考えは、かなり強い思い込みだと思います。

株式投資の「危ない」は思い込み

「株式投資は危ない」というのは思い込み。儲かることもあれば損することもあり、危険という一言で片づけるのは間違い。

03 リターンって何？

資産運用にはリスクだけではなく、リターンもあります。さて、このリターンは何を意味しているかご存知ですか？

リターンとは、資産の運用から得られる利得（儲け、収益）のことです。株式の配当や債券の利息から得られる収益を**インカム・ゲイン**（ゲインとは手に入れるという意味）と言います。また、株価などの値上がり（100円で買った株が120円になる）による利得を**キャピタル・ゲイン**と言います。一般的に、資産の運用に関する理論では、リターンは（金額ではなく）収益率で表します。100円で買った株を120円で売れば､収益率はプラス20%［(120-100)÷100＝0.2］です。反対に、100円で買った株を80円で売ったとすると、収益率はマイナス20%［(80-100)÷100＝▲0.2］です。リターンをパーセント表示で評価する理由は、運用の結果を公平に（同じ視点で）評価するためです。

リターンとは利得のこと

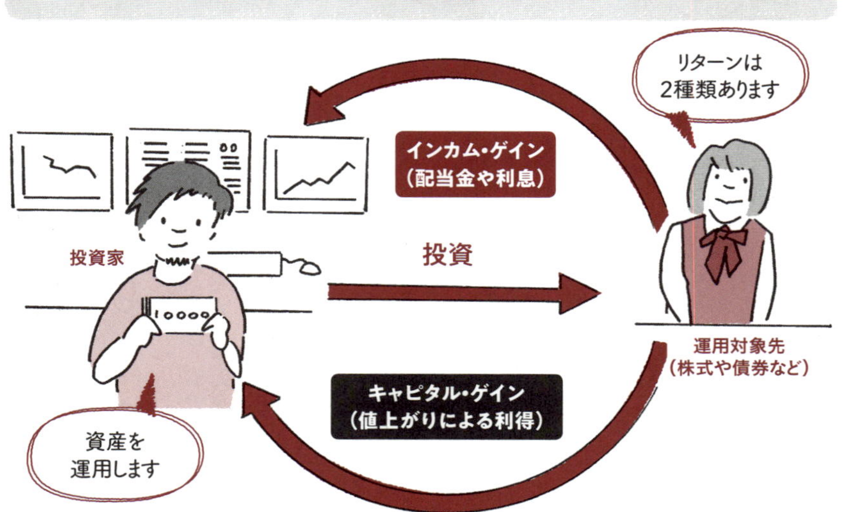

リターンは投資家が得られる利得のこと。また、リターンはインカム・ゲインとキャピタル・ゲインの2種類ある。

個人の資産保有額などは、それぞれ違います。20%のリターンが得られた場合、10万円で株を買った人の利得は2万円、100万円で株を買った人の利得は20万円です。金額で表した利得を基に運用の成果を評価することは公平ではありません。この考えにもとづき、投資信託などのパンフレットにも、パーセント表示で過去の運用から得られたリターン(パフォーマンス)が表示されています。なお、個人の資産の運用においては、いくら儲かったかを金額で確認し、評価することが大切でしょう。一般的には、リターンは収益率で考えるということをご理解いただき、ご自身の運用に役立てていただければよいと思います。

リターンは収益率で考える

金額で表した場合

100万円投資して、20万円儲かった

10万円投資して、2万円儲かった

でも、投資に回した金額が違うのよね～

1000万円投資して、200万円儲かった

投資家の資産保有額はさまざま。金額で利得を評価すると運用の巧拙がわかりづらい。

パーセントで表した場合

20%のリターンがあったぞ

わたしも20%

成果がわかりやすい！

ボクも20%だ

パーセントで表すことで、保有資産額に関係なく公平にリターンを評価できる。

資産保有額 100万円

資産保有額 10万円

資産保有額 1000万円

04 リスクをとれば儲かるは間違いです

資産運用におけるリスクとリターンは表裏一体です。「必ず儲かる」「絶対儲かる」という話には注意しましょう。

リスクとリターンの関係についての基本的な考え方は、“リスクをとれば、儲かることもあるし、損をすることもある”ということです。よく「リスクをとれば儲かる」という説明をする人がいますが、これはあり得ません。リスクをとれば儲けは間違いないというような、断定的な判断を投資家に提供することは、金融商品取引法で禁じられています。リスクは、不確実性の概念です。リスクがあるということは、価値が一定ではないということです。より高い利得を狙うのなら、それに見合ったリスクを負担する必要があります。反対に、リスクなしで儲かるというようなおいしい話は、現実的には考えづらいと心得ましょう。

おいしい話は疑え！

確実に儲かるというおいしい話はない。甘い誘い文句には気をつけよう。

リスクとリターンの関係を考える際は、**3つの組み合わせ方**をもとにしてください。ローリスク・ローリターン、ミドルリスク・ミドルリターン、ハイリスク・ハイリターンの3つです。ローからハイの組み合わせに行くに従い、不確実性が増します。つまり、価格（価値）は一定ではなく、上下に変動しやすくなります。基本的に、リスクをとることなくして高い利得＝リターンを得ることはできません。リスクとリターンの関係がしっかりと把握できていれば、実態が疑われるような投資の勧誘などから、身を守ることができるはずです。

リスクとリターンの3つの組み合わせ

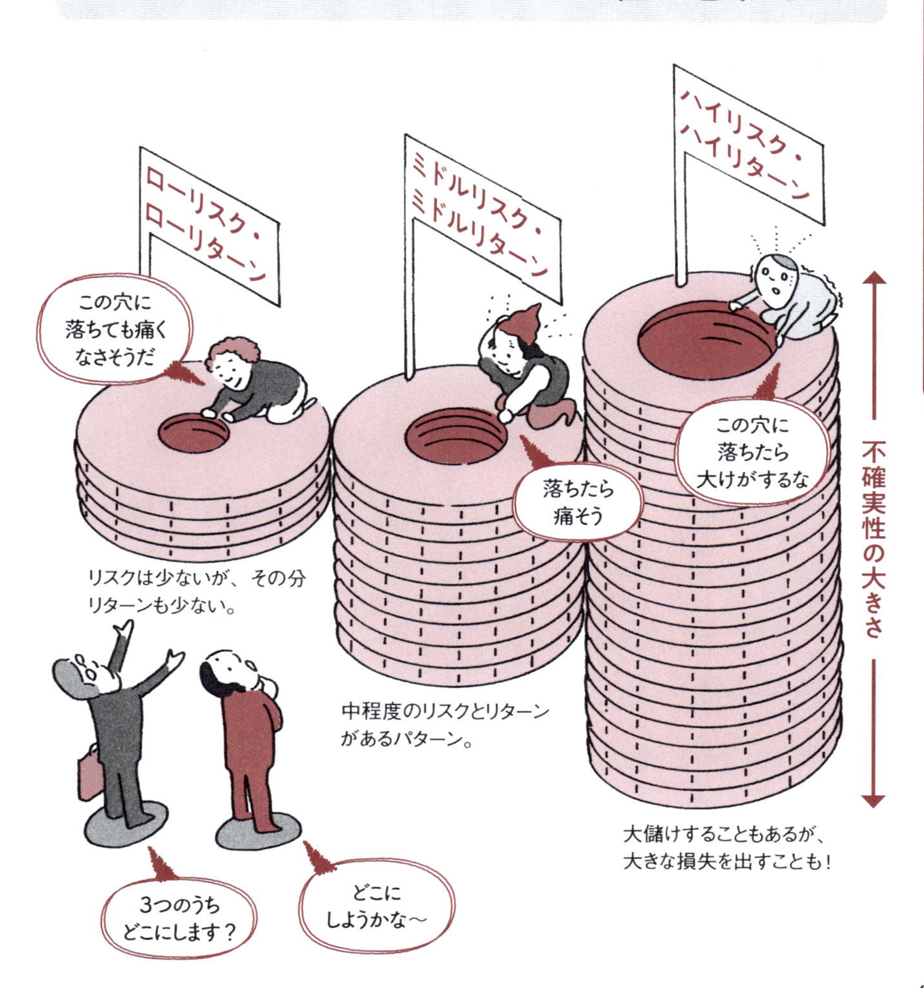

05 “振り子”でイメージするリスクとリターンの関係

リスクとリターンには、多かれ少なかれ“振れ幅”というものが存在します。本稿では、この“振れ幅”について考えます。

リスクとリターンの関係をよりしっかりと理解するためには、振り子をイメージするとよいでしょう。大学の授業で学生にリスクとリターンの関係を説明する際、筆者は糸に結び付けた50円玉を使います。糸のはしを持ち、50円玉を静止させます。当たり前ですが、50円玉は動きません。これが、リスクがないということです。具体的な資産の例を挙げると、財布の中のお金（現金）がこれに該当します。徐々に、糸につるした50円玉を動かすと、50円玉は左右にゆれはじめます。

振り子でイメージするとわかりやすい

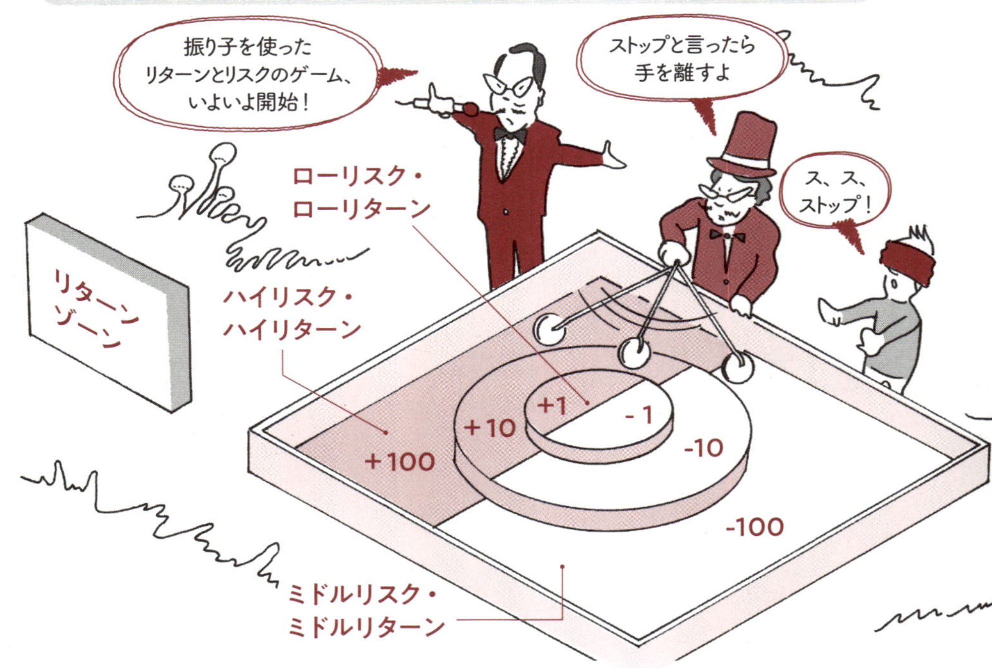

この左右に振れるということは、資産の価値が一定（変わらない）状況を境にして、プラスとマイナスを行ったり来たりする状況に、言い換えることができます。徐々に糸を振るエネルギーを強めましょう。50円玉は左右に、より大きく動きます。振れ幅が小さければローリスク・ローリターン、振れ幅がいくぶんか大きくなるとミドルリスク・ミドルリターン、床と平行な程度まで振れ幅が大きくなると、ハイリスク・ハイリターンです。資産の運用を考える際は、投資しようと考えている資産のリスクがどの程度ブレる可能性があるか、**振り子の原理**を基にイメージしてみるとよいと思います。

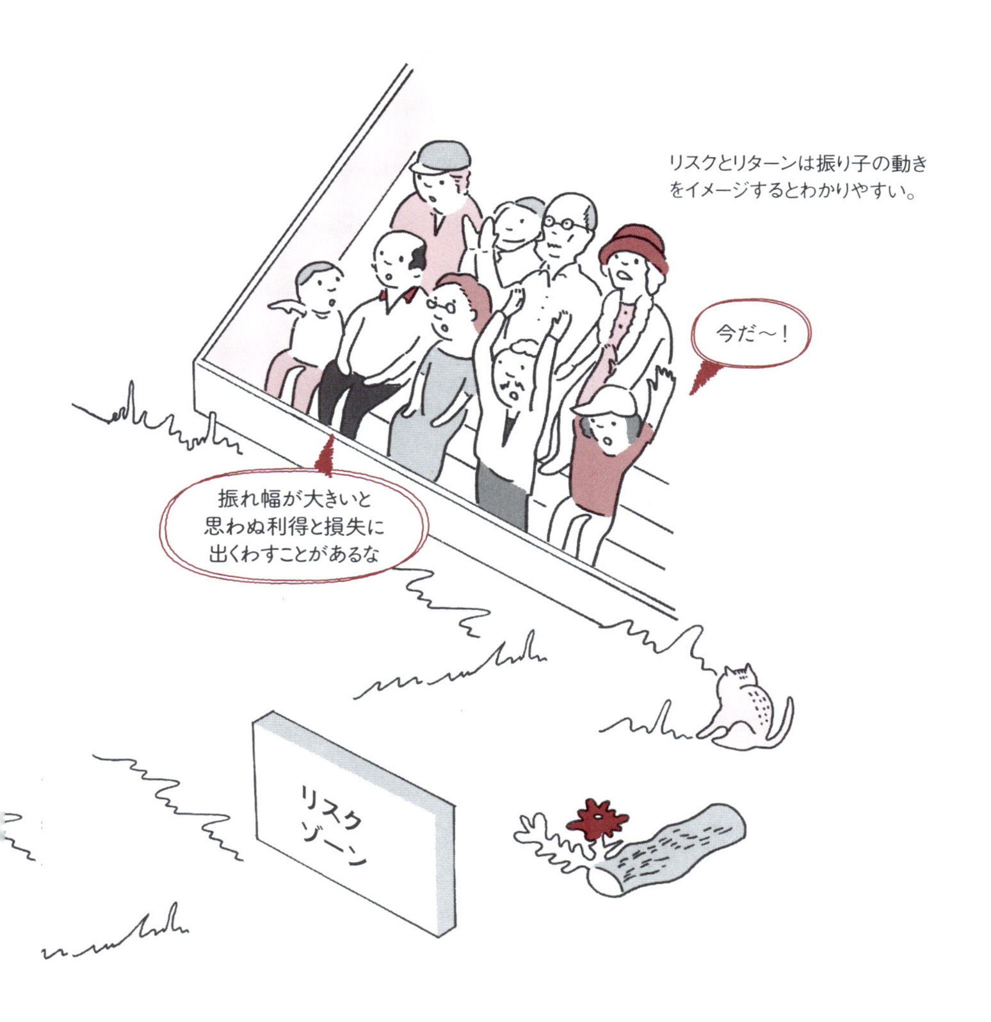

06 リターンを高めるには何が必要？

自分の資産を投じるのであれば、できる限りリターンを望みたいもの。リターンを高める方法とは一体何でしょう？

資産の運用から得られるリターン（利得）を高めるために、リスクをとることは重要です。それに加え、どのようなリスク（ローリスク、ミドルリスク、ハイリスク）をとるべきか、自分自身の考えと行動をコントロールすることが欠かせません。たとえば、知り合いが株を買っているとしましょう。わたしたちは、ついつい、周りの人に同調してしまいがちです。しかし、他人が株式に投資していることが、あなたにとっての株式投資を正当化するわけではありません。投資の対象のリスクとリターンの特性や、経済の環境などを十分に調べ、納得した上でリスクをとることが大切です。それが、自らリスクをコントロールするということです。

リスクはコントロールできる

投資は周りに同調することなく、自らコントロールするという心構えが重要となる。言い換えれば、リスクをとるかとらないかは自分の意思決定次第だ。

リターンを高めるために必要なのは、大きな額のお金があることではありません。また、リスクをとれば、必ずリターンを高められるわけでもないのです。**リスクのコントロール**が大切です。リスクはコントロールできます。100万円があったとしましょう。現金をいくらにするか、株式をどれだけ保有するかは、あなたが決定することなのです。これは、どれだけのリスクをとるかを決めることにほかなりません。一方、リスクをとったあとのリターンがどうなるかは不確実です。リターンを高めるには、リスクをコントロールし、より安い値段で資産を手に入れることが大切です。

リスクを決めるのはあなた！

どのくらいのリターン、どのくらいのリスク、いつ、いくら投資するかすべてはあなた次第。リスクをコントロールし、多くのリターンを得られるかを考えよう。

07 金融工学における リターンとリスクの考え方

金融工学はリターンとリスクをしっかりと理解するために大切です。少しだけ難しいですが、できるだけわかりやすく解説します。

実際に投資をする際には、将来、価格（価値）がどうなるかを考えなければなりません。同時に、将来を予測することは、かなり難しいのです。この問題を解決するのに、伝統的な経済学の考え方が力を発揮します。経済学の一つの分野に、"**金融工学**"というアプローチ方法があります。金融工学では、過去のリターンの平均値を、今後に期待される収益率（期待収益率）として扱います。将来は、過去の延長線上に来るという考え方です。株を例にしてみましょう。"過去、1年あたり平均5%の上昇率（リターン）を遂げてきた株は、今後も平均的に1年間で5%の期待収益率が見込まれる"、これが金融工学にもとづくリターンの考え方です。

リターンは過去の延長線上に来る

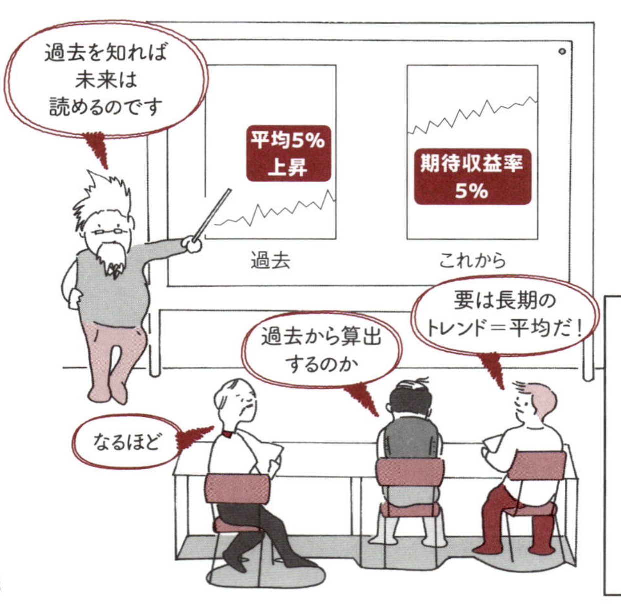

One point

金融商品の価格の動きを、統計学や工業系の理論を使い、ある範囲で予測しようとするのが「金融工学」という学問。

株価は、上がったり、下がったり、一定ではありません。株式の価格にはリスクがあります。株式以外にも、価値が変動する金融商品はいろいろとあります。金融工学ではこのリスクを、平均からのばらつき、として評価します。つまり、平均からのばらつきが大きければ、リスクは高いということです。先ほどの振り子の例になぞらえると、50円玉がぶら下がったまま動かないポイントが平均です。そこからの振れ幅が、平均からのばらつき（乖離（かいり）する幅）の大きさを表しています。

リターンの測り方

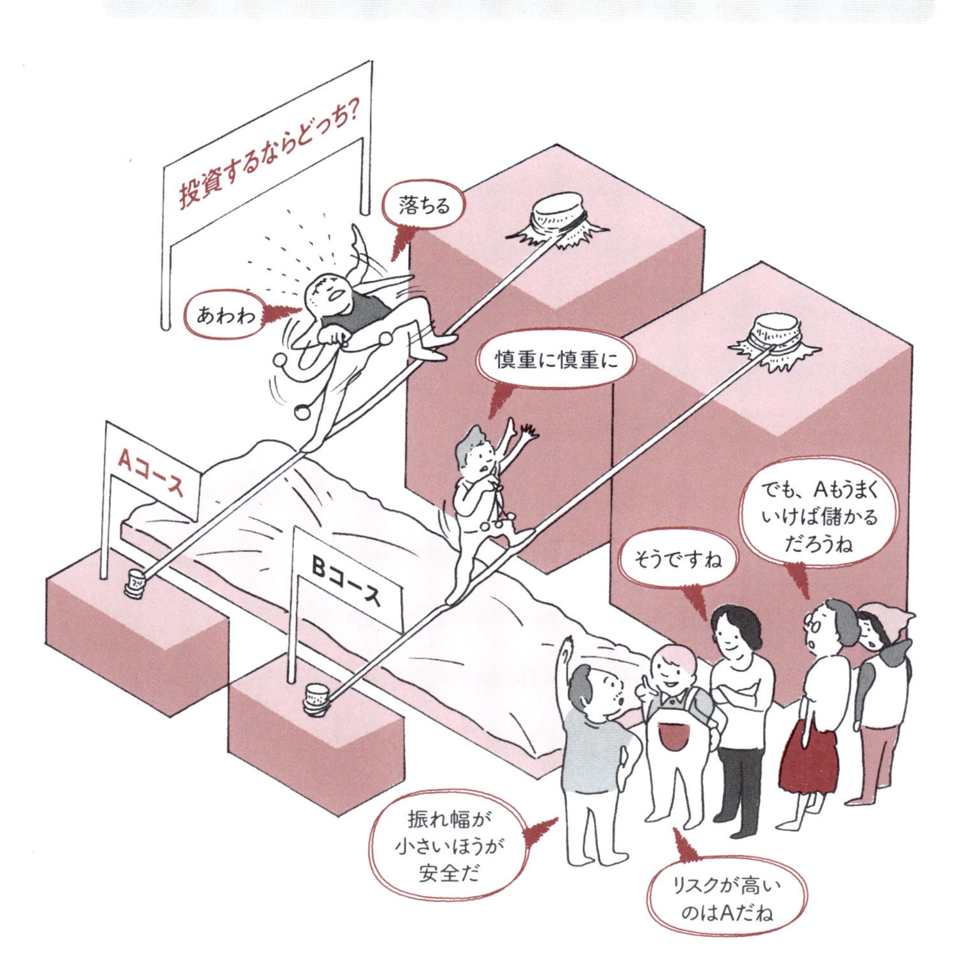

リターンの測り方

過去のデータが重要になる金融工学。より高いリターンを求めるべく、その計算方法を覚えましょう。

具体例を挙げて、リターンの測り方（評価の仕方）を紹介します。過去10年間、Aという企業の株価は、毎年末、次の通りだったとしましょう。105 102 85 104 163 175 190 191 228 200（10年前から現在の年末株価終値。単位、円）。まず、毎年のリターンを計算します。たとえば10年前と9年前の1年間のリターンは(102-105) ÷ 105 =▲ 0.03（マイナス3%、小数第3位四捨五入）と求められます。同じように、毎年の株価リターンを計算しましょう。なお、一般的にリターンを表示する際は、1年間にどれだけの収益率があるかを基準にしています。これは、金利でも同じです。金利が1%という場合、1年間で利息が元本の1%付くということです。

リターンの測り方とは？

9年前の株価　10年前の株価　10年前の株価　収益率

(102-105) ÷ 105 =▲ 0.03（マイナス3%）

	株価	収益率（リターン）
10年前	105	
9年前	102	- 3%
8年前	85	-17%
7年前	104	22%
6年前	163	57%
5年前	175	7%
4年前	190	9%
3年前	191	1%
2年前	228	19%
1年前	200	-12%

まず、10年前と9年前のリターン率を出してみましょう

各年のリターンを計算し終わると、その結果を使って平均のリターンを求めます。まず、各年のリターンをすべて足し合わせます。この計算例では、年間のリターンの合計値は0.83（83%）です。それを、リターンの個数（この場合は9）で割ります（0.83 ÷ 9）。結果、平均のリターンはおおよそ9%（年間）と求められます。エクセルではAVERAGE関数を使って平均を求めることができます。理論上、株式Aに投資することによって将来、1年間で9%のリターンが得られると考えられます。金融工学では、過去の収益率の平均値が今後も続くと考えます。なお、将来得られると考えられる利得のことを、**期待収益**（率で表示する場合は、期待収益率）と言います。

平均のリターンの求め方

	株価	収益率（リターン）	
10年前	105		
9年前	102	- 3%	❶
8年前	85	-17%	❷
7年前	104	22%	❸
6年前	163	57%	❹
5年前	175	7%	❺
4年前	190	9%	❻
3年前	191	1%	❼
2年前	228	19%	❽
1年前	200	-12%	❾

リターンの
個数で割る
0.83÷9=
0.09222…

全体のリターンの
合計値は
0.83
(83%)

つまり、1年間で9%の利益が得られると仮定し、
それが将来も続くと考えるのが金融工学の発想。

具体的にリスクはどうやって測ればいいの？

金融工学では、リターンだけでなくリスクも数値化することが可能。リスクを把握することは、資産運用にとってとても大事なことです。

リターンに続いて、リスクの計算方法を勉強しましょう。先ほどの例を使います。まず、サンプル（各年の株価）が平均からどの程度ばらついているかを求めるために、各年のリターンから平均リターンを引いた値を求めます。この値を**偏差**と言います。次に、偏差を2乗します。偏差はプラスの場合も、マイナスの場合もあります。単純に足し合わせると正負が打ち消し合い、ばらつき具合が得られません。これを避けるために2乗します。各サンプルの偏差を2乗した数値を足し合わせ、サンプル数で割ります。この値を分散と呼びます。

リスクは数値化することができる

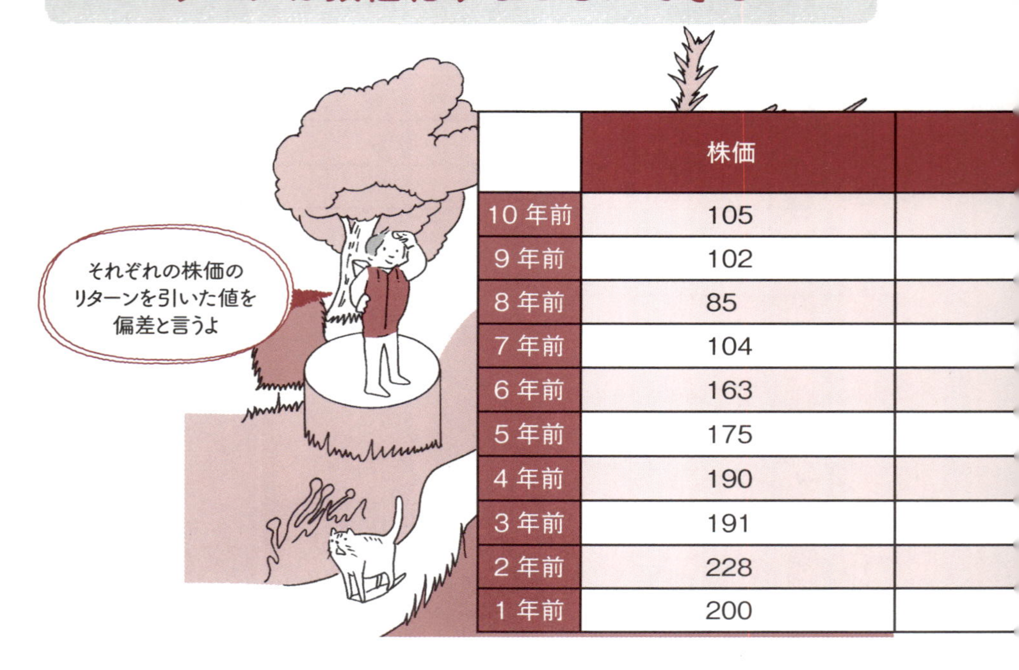

	株価
10年前	105
9年前	102
8年前	85
7年前	104
6年前	163
5年前	175
4年前	190
3年前	191
2年前	228
1年前	200

分散を求める際、偏差を２乗しました。もともとのデータサンプルの単位（次元）に合わせるために、分散の平方根をとります。これを、“**標準偏差**”と言います。先ほどの例に当てはめると、分散は0.04です。単位を合わせるために平方根をとった標準偏差は約21%と求められます。エクセルではSTDEVP関数などを使って標準偏差を求めます。伝統的な経済学の理論では、この標準偏差を、金融商品のリスクとして扱います。つまり、株式Aに関して、期待される収益を率で表示すると約9%（期待収益率、過去のリターンの平均）、リスク（リターンのばらつき）は約21%（過去のリターンの標準偏差）と評価されます。

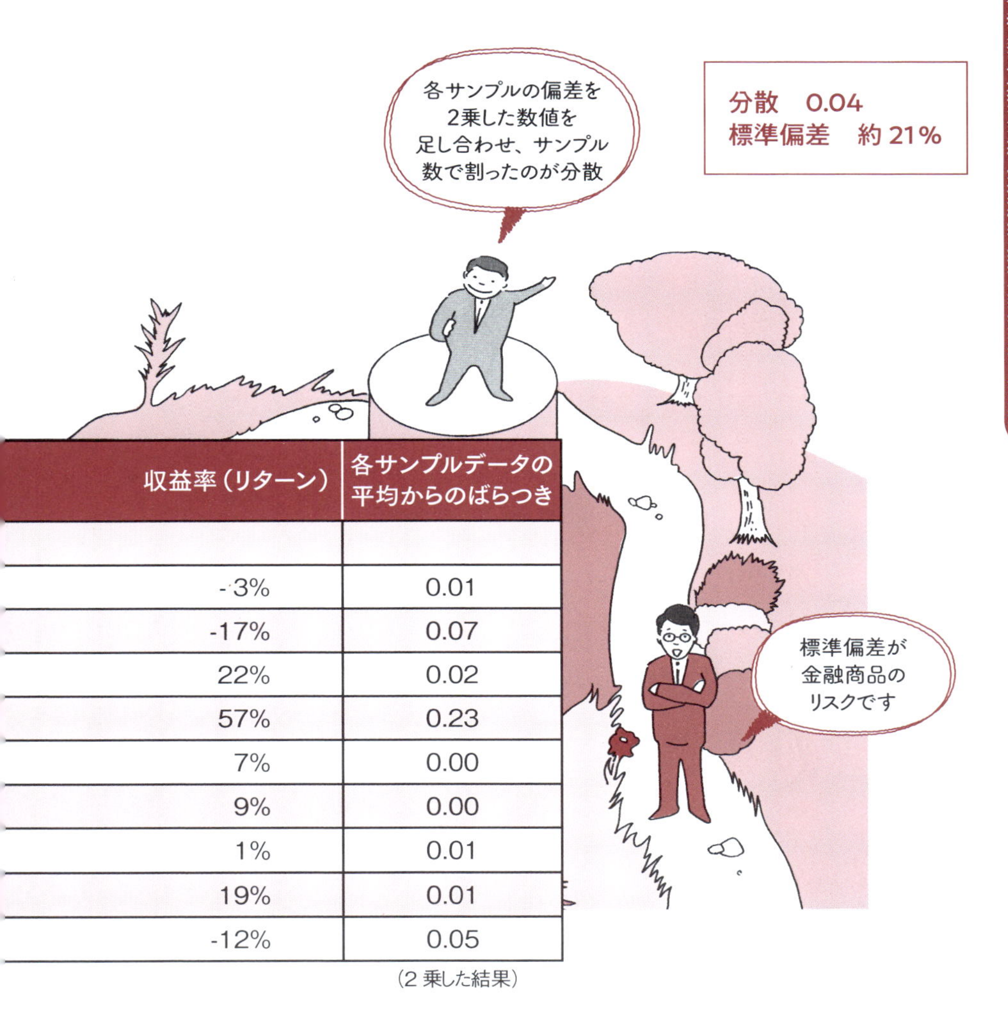

収益率（リターン）	各サンプルデータの平均からのばらつき
-3%	0.01
-17%	0.07
22%	0.02
57%	0.23
7%	0.00
9%	0.00
1%	0.01
19%	0.01
-12%	0.05

（2乗した結果）

利得・損失は事前に把握できる！

まったくの当てずっぽうで投資をしても、リターンは望めません。リターンがどの程度の範囲に収まるかはある程度予測がつくのです。

平均と、各サンプルデータの平均からのばらつきを評価する分散（その平方根をとった標準偏差）を用いることで、事前に、資産の価格がどの程度ブレる可能性があるかを把握することができます。自然界にあるさまざまな事象のサンプルをたくさん集めて、その分布がどのようになっているかをグラフに表すと、きれいな釣り鐘型を描くことが知られています。左右が対称になっている釣り鐘型の分布の状態を、"**正規分布**"と呼びます。金融工学では、金融商品の価格の分布は、正規分布に従うと前提を設けています。

正規分布とは何か？

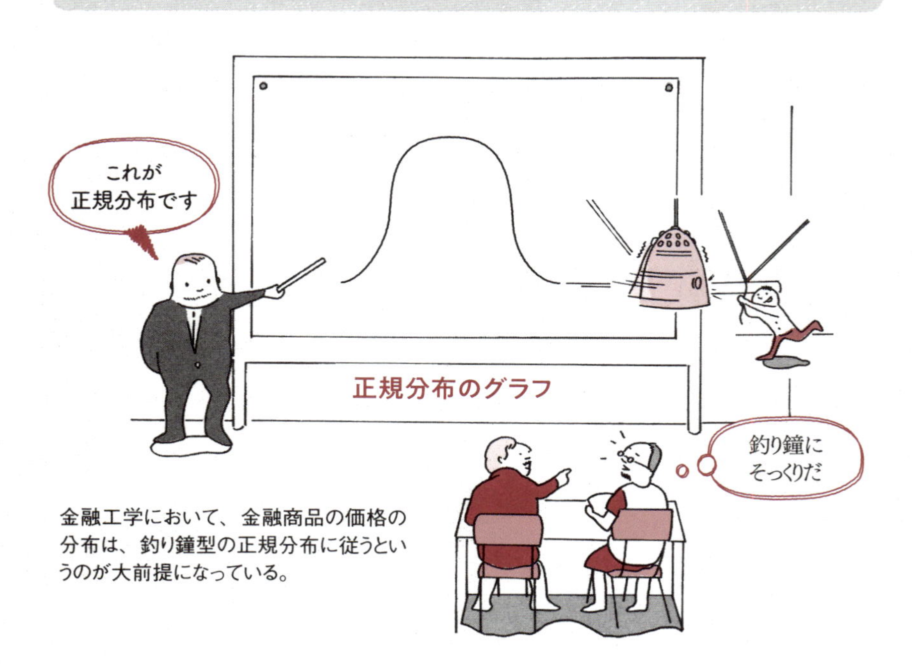

これが
正規分布です
正規分布のグラフ
釣り鐘に
そっくりだ

金融工学において、金融商品の価格の分布は、釣り鐘型の正規分布に従うというのが大前提になっている。

正規分布のグラフでは、頂点（釣り鐘のてっぺん）が対応する横軸の点が平均です。そこから、左（マイナスの領域）右（プラスの領域）にすそ野が広がっていきます。正規分布では、サンプルが、平均から±（プラスマイナス）1標準偏差の中に68.27%入ることになります。同じように、±2標準偏差の中に95.45%、±3標準偏差の中に99.73%のサンプルが入ることになります。これを先ほどの株式Aに当てはめてみましょう。株式Aの収益率は、68.27%の確率でマイナス12%（9% -21%）からプラス30%（9%＋21%）の範囲に収まると考えられます。

A社の正規分布はどうなる？

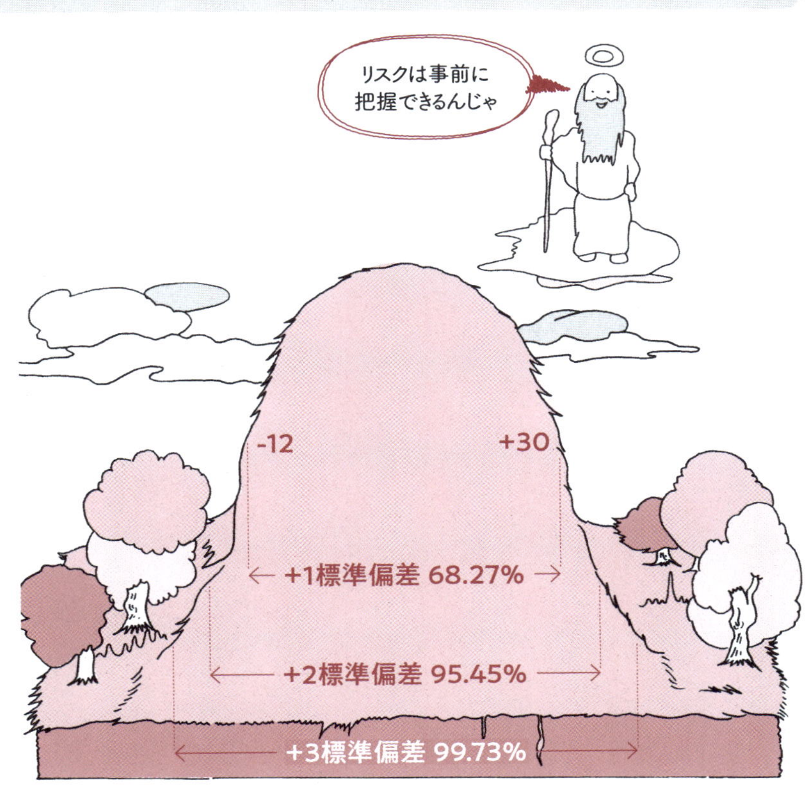

株式A社の場合、収益率は68.27%の確率で、マイナス12%からプラス30%の範囲に収まると考えられる。
リターンの平均9%と標準偏差21%を使って算出すると、どの程度の範囲に収まるか予想がつく。

11 リスクとリターンの把握は“転ばぬ先の杖”

数値を事前に把握しておくことは、リターンやリスクを把握していることにほかなりません。しかし、以前は経験や勘に頼っていました。

正規分布を前提に、金融商品のリスクとリターンを“数値”で示すことは、金融商品の期待収益率や、価格がどの程度ブレるかを“見える化”することにほかなりません。言い換えれば、平均と標準偏差を用いたリスクとリターンの評価は、資産の運用のための“**転ばぬ先の杖**”です。リターンをリスクで割ることによって、投資の魅力も客観的に評価できます。たとえば、リターンとリスクの組み合わせがA（5%と6%）、B（10%と20%）の株式があったとします。リターンをリスクで割ると、Aは0.83、Bは0.5となり、Aのほうがより効率的だ（より低いリスクでリターンの獲得が期待される）と言えます。

リスクとリターンの比率を考える

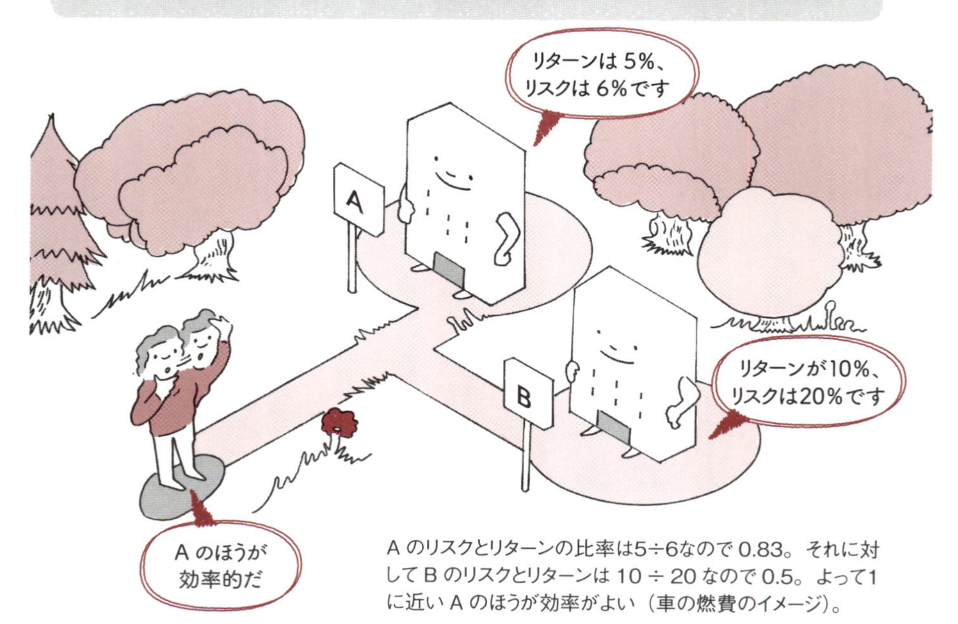

リターンは5%、リスクは6%です
A
B
リターンが10%、リスクは20%です
Aのほうが効率的だ

Aのリスクとリターンの比率は5÷6なので0.83。それに対してBのリスクとリターンは10÷20なので0.5。よって1に近いAのほうが効率がよい（車の燃費のイメージ）。

反対に、リスクとリターンを見える化できないと、予測は主観に頼らざるを得ません。かつて資産の運用の現場では、運用の専門家（ファンドマネージャー）が、“勘”と“経験”を頼りに、どの株を買うべきかなど投資の意思決定を行っていました。経験や勘は、主観です。10人いれば、10通りの“勘”があります。経験や勘を“見える化”し、客観化する（自分にかかわることを、他者にもわかるようにする）ことは困難です。その状況で、リスクとリターンを評価することは難しいでしょう。正規分布を基にしたリスクとリターンの評価には問題もありますが、多くの経済や金融の専門家が、この考え方をもとに自らの発想を加え、金融資産の価格がどう動くかを考えています。

リスクとリターンを見極める

かつての資産運用はファンドマネージャーの経験と勘が生かされていた。経験や勘はそれぞれ違う。

column No.3

わかることを増やそう……無知こそが最大のリスク

- 将来に獲得が予想（期待）される利得（収益率）は過去のリターンの“平均値”で表す。
- 価格のリスク（予想と異なる結果）は、過去のリターンの“標準偏差”で表す。
- 金融資産の価格の分布は“正規分布”にもとづくと仮定する。

資産の運用に関する理論を勉強すると、リスクとリターンの関係を、より具体的、かつ客観的に理解することができます。一つ一つ、薄紙をはがすように、わかることを増やすことが、自分の資産を運用していくためには必要です。反対に、わからないことをそのままにしておくことは、よくありません。わからないということは、何をすればいいか対応できない状況につながる恐れがあります。

リスクは予想と異なる結果のことです。不確実な将来に対応するためには、“そなえ”が欠かせません。金融商品のリスクとリターンのプロファイル（特徴）を理解することによって、どの程度、価格が動くかを、あらかじめイメージできます。「過去のリスクとリターンの特性を評価すると、この株のリスクは高い。○％上昇したら一部の利益を確定し、様子を見よう」といったことも、ずっと考えやすくなるでしょう。それは、将来の展開をいろいろと思い描くことにつながります。予想と異なる展開に直面した際の自分自身の心のありよう（パニックになる、落ち着いていられる、いらいらするなど）を考えることもできます。

反対に、将来のことを、わからないまま、にしておくと、予想外の結果に対応することが難しくなってしまいます。世の中、今の状況がずっと続く、ということはあり得ません。

常に、状況は変化します。リスクとリターンの関係を客観的に理解し、それを基に将来の展開を考える。これが、わからないことをなくし、リスクへのよりよい対応を可能にすると思います。

人生100年時代の投資術に欠かせないポートフォリオを作る

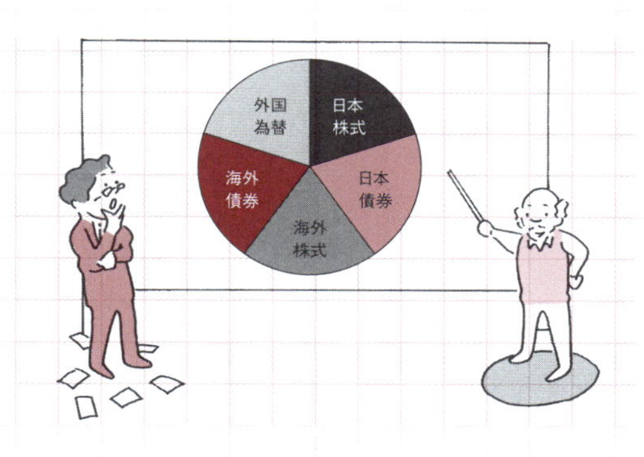

投資を“ギャンブル”にしないためには、
正しい知識が必要です。
焦らず、ゆっくり、投資に関する
基礎的な知識を学んでいきましょう。

ポートフォリオってなんだ

資産運用を行う際に覚えていただきたいのが「ポートフォリオ」です。さて、これは一体どんな意味でしょうか？

資産の運用で大切なことは、お金を一つの企業の株（銘柄）にすべて投じるのではなく、いろいろな企業の株に“分けて”投資することです。プロ野球のバッターでも、4割の打率を達成することはできません。あのイチロー選手でさえ、4割は達成できませんでした。それと同様、海千山千の投資のプロの世界であったとしても、将来のことはわからないことばかりです。わからないことを減らしても、将来の展開を100%予見することは無理です。わからないことがある＝リスクがあるから、お金を分けて投資することが大切です。

お金は分けて投資する

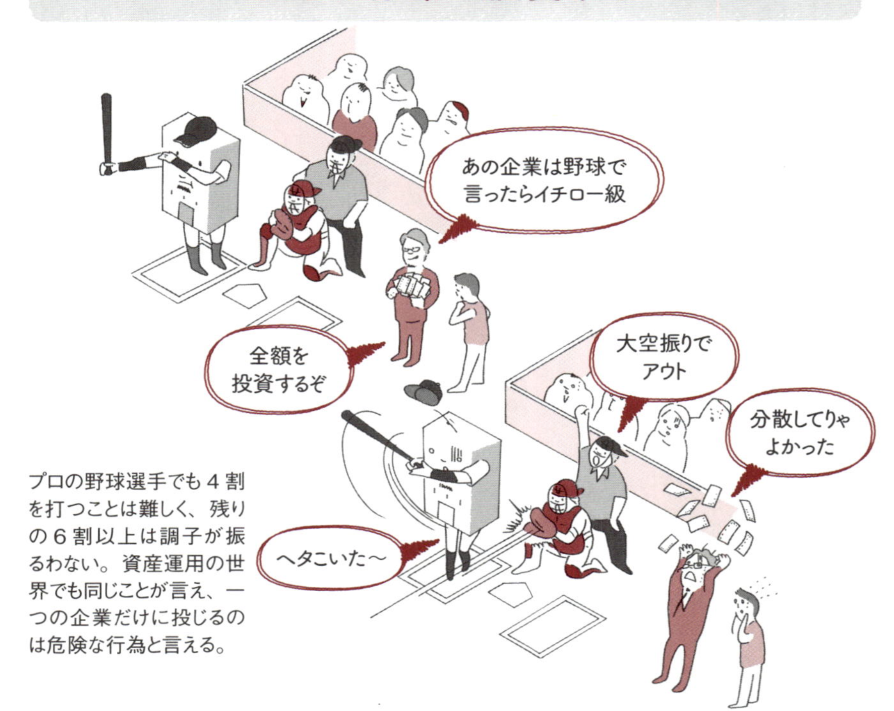

プロの野球選手でも4割を打つことは難しく、残りの6割以上は調子が振るわない。資産運用の世界でも同じことが言え、一つの企業だけに投じるのは危険な行為と言える。

資産の運用では、“**ポートフォリオ**”を作ることが大切です。ポートフォリオとは、さまざまな金融商品の組み合わせのことを言います。株式の投資で考えると、Aという企業にだけ投資するのではなく、BやCなど、ビジネスの内容が異なる企業を複数組み入れるのです。ビジネスの内容が違うということは、その企業のリスクが違うということを意味します。また、株式と債券を組み合わせてポートフォリオを作ることもできます。金融のプロたちも、さまざまな金融商品などを組み合わせてポートフォリオを作り、リスクを抑え、より高い利得を得ようとしています。

ポートフォリオを作ることが大切

ただやみくもに資産を投じるのは大変危険。投資の目的や期間、分散方法などを明確にしたポートフォリオを組むのが重要となる。

分散—10個の卵を一つのかごに入れてはいけない

資産運用のたとえ話に必ずといって出てくるのが、かごに入った卵の話。ビギナーはぜひ、頭に入れておきましょう。

投資の対象を"分ける"ことを理解していただくために、米国のビジネススクールなどでよく紹介される逸話をお示ししましょう。それは、「10個の卵を一つのかごに入れてはいけない」ということです。これは、分散して投資を行うことの大切さをうまく示しています。次の状況をイメージしましょう。朝、あなたは目玉焼きを作るために、庭にあるニワトリ小屋に卵をとりに行きました。卵は10個ありました。一つのかごに10個の卵を全部入れて家に戻ろうとしたところ、庭にあった石につまずき、かごを落としてしまいました。卵はすべて割れてしまいました。

一つのかごに入れるのは危険

もし、あなたが、二つのかごに5個ずつ卵を入れて運んだら、割れてしまった卵の数（損失）は少なくすることができたかもしれません。卵をお金にたとえ、かごを投資の対象（株や債券）に置き換えると、分けて投資を行う＝**分散投資**の大切さがイメージできるはずです。“株は一気に勝負”と意気込むのではなく、冷静に、気持ちを落ち着けて、のめり込みすぎないように、運用を楽しむゆとりを持ちましょう。そのために、ポートフォリオを作り、投資の対象を分け、さらには投資の時期やタイミングも分けることがよいでしょう。

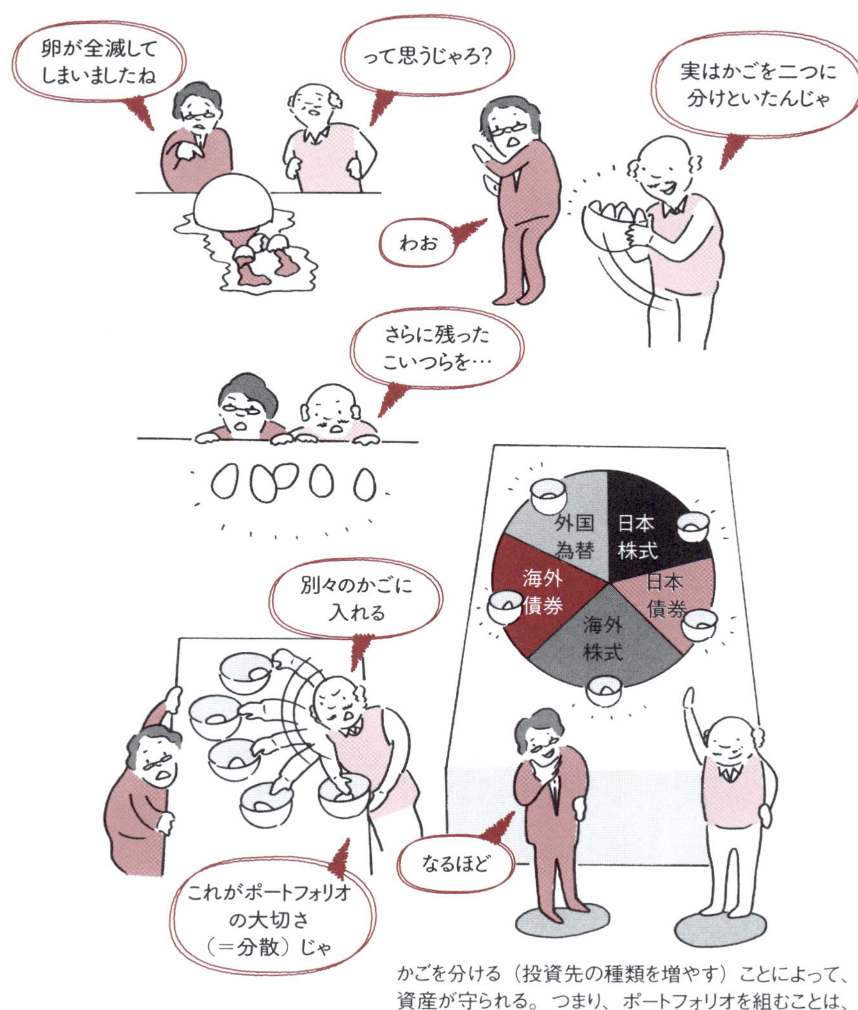

かごを分ける（投資先の種類を増やす）ことによって、資産が守られる。つまり、ポートフォリオを組むことは、リスクの軽減につながるということである。

アセットクラス（資産の種類）を理解する

金融商品は一つだけでなくさまざまな種類が存在します。それぞれの特徴を把握するのが、成功のカギとなります。

プロ野球のチームには、速球派の投手、コントロールのよいピッチャー、守備の名手、代走のスペシャリスト、代打の神様、長距離のバッターなど、さまざまな特徴を持った選手がいます。チームの監督は、各選手の特徴をうまく把握し、引き出すことを通してチームを編成します。ポートフォリオを作るのも同じです。ご自身の資産を世界の株や債券などに“分けて”投資（運用）を行うためには、どのような金融資産の種類＝**アセットクラス**があるかを詳しく把握することが欠かせません。

投資は野球監督のようなもの

資産運用には野球監督と同じように、選手（金融資産の種類）のマネジメント能力が求められる。

運用の対象となる資産にも、資産の種類＝アセットクラスごとに、それぞれの特徴があります。今、目の前にある日本円の現金の価値は、１年後もほとんど変わらないと思います。それに対して、日々、国内の株式市場ではトヨタやソフトバンクなどの株価が変化しています。自分の資産を運用するためには、投資運用の対象となるアセットクラスの特徴（リスクとリターンのプロファイル）を理解し、自分にとってどのような資産の組み合わせが適しているかを考えることが大切です。

特徴を把握して組み合わせを考える

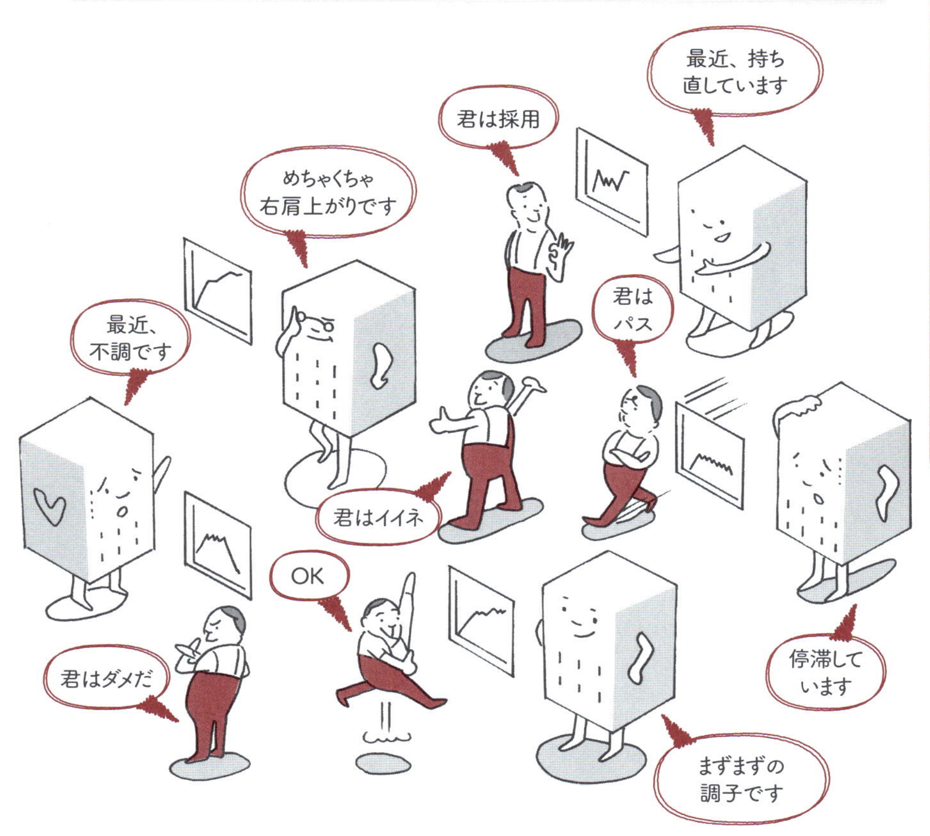

株価は常に一定ではなく変化するもの。投資の種類を見定め、特徴や動向を押さえておくことが重要と言える。

04 アセットクラスの分け方

アセットクラス（資産の種類）は大きく分けて4つ。リスクとリターンを考えながら組み立てましょう。

アセットクラスは、次の４つに分けて考えましょう。①現金、預貯金、②債券、③株式、④外国為替（米ドルと日本円の交換レート＝ドル／円の為替レート）。振り子の原理で考えるリスクとリターンの関係を基に各アセットクラスの特徴を記すと、①から④に向かってリスクが高くなります。振り子の動きにたとえて説明すると、①から④に行くにつれて、振り子の振れ幅は大きくなります。リスクが高い資産である株式などにうまく投資できれば、相応の利得を得ることは可能でしょう。反対に、リスクの高い株式を高値で買ってしまうと、後々、大きな価格の下落に直面することもあります。

リスクとリターンはそれぞれ違う

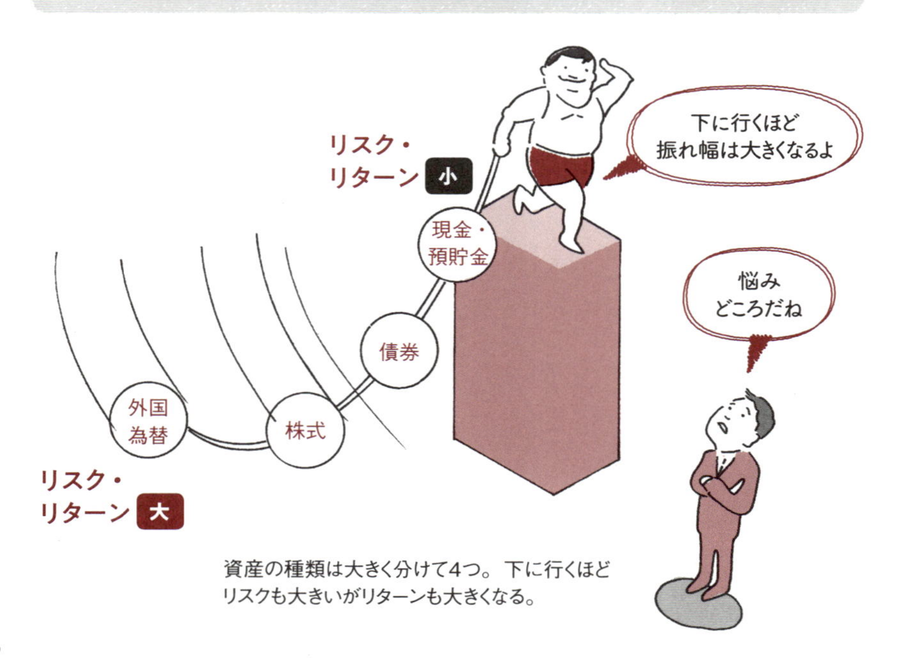

資産の種類は大きく分けて4つ。下に行くほどリスクも大きいがリターンも大きくなる。

購入した価格を下回って株価が推移すると、売ることすら容易ではなくなってしまいます。なぜなら、買った価格を下回っている株を売却すれば、損失が確定してしまうからです。その忸怩(じくじ)たる思いには、何とも言えない、後味の悪さがあります。誰もそうした思いはしたくありません。買った価格を下回った（評価損が発生している）株を、持ち続けてしまう人も多くいます。これを“**塩漬け株**”と言います。そうした人になぜそうなったかを聞いてみると「想定外に株価が下落してしまい、どうすればよいかわからず、そのままにしている」ケースが多いようです。アセットクラスのリスクとリターンの特徴をしっかりと把握することは大切です。

“塩漬け株”に要注意

株価が下落して売るに売れなくなり、仕方なくその株を保有し続けることを“塩漬け株”と言う。そうならないためにも、常にリスクとリターンを把握しておきたい。

現金と預貯金は同じではない

現金や預貯金は同じことだと思っていませんか？ 特徴やリスクはそれぞれ違うので、しっかり区別しておきましょう。

順に、各アセットクラスの特徴を見ていきます。まず、現金と預貯金です。現金と預貯金は、リスクが低く、その代わりに収益性も低い商品です。現金とは、キャッシュ、つまり、今、あなたの財布の中に入っている“お札”や“硬貨”のことです。現金の価値は安定しています。ただ、モノの値段が上昇しはじめると、そのモノを手に入れるにはより多くの現金が必要になってしまいます。これが、現金は**インフレ**（物価が上がること）に弱いと言われるゆえんです。政治不安で経済が混乱している南米のベネズエラでは、インフレ率が200万％を超え、通貨の価値が大きく下がってしまいました（2019年2月時点）。

現金に潜むリスク

安全と思われている現金だが、インフレによって価値が下落することがある

預貯金は、現金と同じではありません。預貯金には、現金にはないリスクがあります。銀行などは、“預かったお金 = 預金に利息を付けて返す”ことを約束しています。銀行が経営破綻に陥り、この約束が守れなくならない限り、預貯金は安全です。万が一、金融機関が破綻すると、利息の付く預貯金などに関しては、元本 1000 万円までが保護されます。1000万円を超える部分は、一部支払われない可能性があります。これを“**ペイオフ**”と言います。利息の付かない預金（当座預金、決済用の預金と言う）は、ペイオフの対象とはなりません。全額が保護されます。2010 年には日本振興銀行が経営破綻し、初めてペイオフが発動されました。

預貯金にもリスクがある

債券ってなんだ

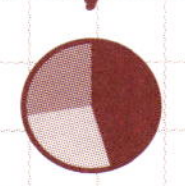

一般的にリスクの少ない金融商品と言われている債券。本項で債券の種類としくみを詳しく紹介します。

債券は、一定の期間（満期）が過ぎたら、元本に利息を付けて返すことを約束し、それを券面に表した“借用証書”です。債券は市場で売買されます。そのため、需要と供給によって価格が変動します。債券のリスクは、現金や預貯金よりも高くなります。誰がお金を借りるかによって、債券には、さまざまな種類があります。国がお金を借りるために発行した証文＝債券を“**国債**”と言います。国債は、国＝政府の借金ですから、債券の中でも最もリスクが低いと考えられています。地方公共団体が発行する債券を**地方債**と言います。民間の企業が発行する債券を**社債**と言います。社債は民間の企業の借金であるため、国債よりもリスクは高い傾向にあります。

債券の代表例

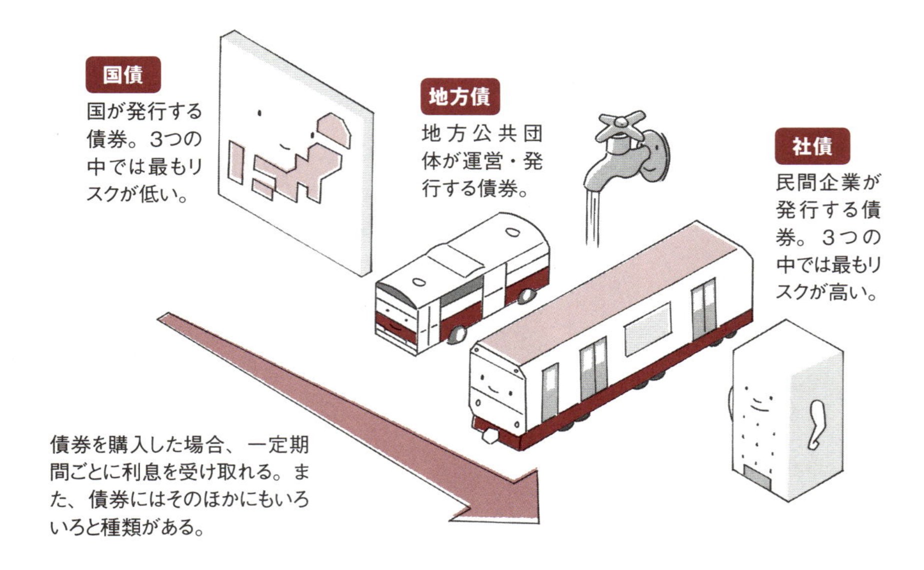

国債
国が発行する債券。3つの中では最もリスクが低い。
地方債
地方公共団体が運営・発行する債券。
社債
民間企業が発行する債券。3つの中では最もリスクが高い。
債券を購入した場合、一定期間ごとに利息を受け取れる。また、債券にはそのほかにもいろいろと種類がある。

債券については、価格と“金利＝お金のレンタル料”の関係を理解しましょう。金利が上昇（低下）すると債券の価格は下落（上昇）します。これは、シーソーの動きに似ています。債券を購入すると利息（債券の額面＝100円に利率をかけて求められる）が得られます。発行のタイミングで、債券の利率が決まります。利率が5%なら、年5円（100円×5%）の利息が得られます。この債券の価格が100円から90円に下落したとします。90円の債券を購入して5円の利息を受け取るということは、利回りは5円÷90円＝5.56%です。価格が下落すると、金利は上昇するのです。なお、金利の水準には、資金の需要（お金を必要とする企業や人が多いか少ないか）、物価の動向、借り手の返済能力の変化などが影響します。

債券の価格が下落すると金利が上がる

"株式投資は危ない"の真偽

「株式投資は危ない」と言う人がいます。しかし、それは本当でしょうか？　肝心なのはリスクへの理解です。

株式のリスクは債券を上回ります。リスクが高い（おまけが付いている）分、株式の期待収益率も高くなります。企業の株式を保有するということは、企業の最も重要な運転資金である資本金の一部を持つことを意味します。そのため、株式の価格は企業の経営の内容や、収益（儲け）の状況に大きく左右されます。株式から得られる利得は、①配当、②株価の上昇の二つがあります。配当は預貯金や債券の利息と異なり、企業の業績によって受け取る金額が変わります。筆者は、個人が長期の視点で株式に投資することは、資産を形成するために大切だと思います。その際、株式のリスクがどの程度あるかをしっかりと理解しなければなりません。

株式から得られる二つの利得

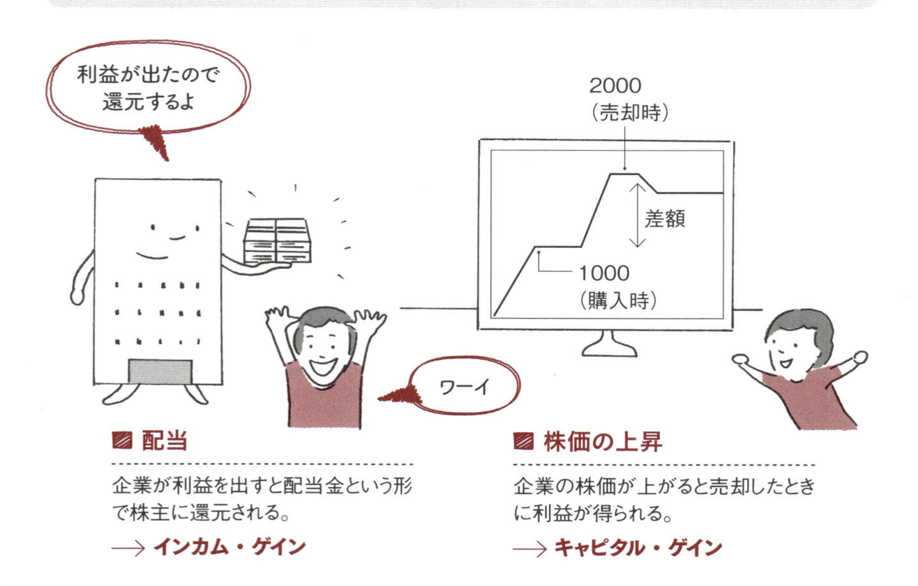

配当

企業が利益を出すと配当金という形で株主に還元される。

→ **インカム・ゲイン**

株価の上昇

企業の株価が上がると売却したときに利益が得られる。

→ **キャピタル・ゲイン**

数値で株式のリスクを把握しておきましょう。わが国の債券（国債や社債など）の標準偏差（リスク）は2%程度です。一方、日本株の標準偏差は20%程度あります。それだけ、価格は大きく動くことがあります。資産の運用に回すことのできるお金の20%が目減りしてしまう（損失が発生する）と、生活が厳しくなるとの不安がある場合、むやみに株式（特に、個別企業の株）のリスクはとるべきではありません。特定の企業の株に投資することが、株式投資のすべてではないのです。**上場投資信託**（ETF）などを用いて、分散をきかせつつ、小さい金額から株式に投資することもできます。リスクが高いアセットクラスに投資する際は、その特徴をよく調べましょう。

株式は危ないのか？

株式投資は債券と比べるとリスクが高い。債券や株式を一度に分散投資できる上場投信という方法もある。

外国為替のリスクは高い

株式投資は国内に限らず、海外のモノでも購入可能です。その際に、必須となるのが「為替」の理解です。

為替レート（米ドルと日本円など異なる通貨を交換する比率）のリスクは、株式を上回ると考えられます。特に、短い間に為替レートは大きく動くことがあります。それを予見するのは至難の業です。1ドル＝100円のときに100ドルで米国株Aを買いました。購入金額を円に直すと10000円（100ドル×100円）です。Aの株価が90ドルに下落しました。為替レートが変わらなければ、収益率はマイナス10%です（90ドル÷100ドル-1＝▲0.1）。しかし、ドル／円の為替レートが1ドル＝95円になってしまいました（ドル安・円高）。円に直した米国株Aの価値は90ドル×95円＝8550円です。円ベースでの収益率は、8550円÷10000円-1＝▲0.145（▲14.5%）です。為替レートのリスクがある分、外貨建ての資産のリスクは高くなります。

外国株は為替に影響される

1ドル=100円
では、100ドルください
10000円分買うよ
株価が下がって90ドルになってしまいました
9000円になったということね
1ドル=95円
しかもレートが1ドル95円になりました
買ったときより14.5%も下がった
それはあなたの責任です
ダブルショック！
90×95円=8550円

わが国の個人の投資家には、「株式投資は危ない」と言う人が多くいます。一方、為替のリスクに寛大な方が多いのも事実です。外国為替の市場では、各国の大手銀行などに肩を並べるほど、わが国の個人の投資家（**ミセスワタナベ**）が相場に大きな影響を与えています。中でも、トルコ・リラなどの新興国の通貨がミセスワタナベに人気です。新興国の通貨のリスクはかなり高いのですが、ミセスワタナベにとってみれば大きく動く分、儲けのチャンスがあると映るのでしょう。リスクの定義をしっかりと理解し、何で資産を運用するか、冷静に考えましょう。

わが国にはリスクに寛大な人もいる

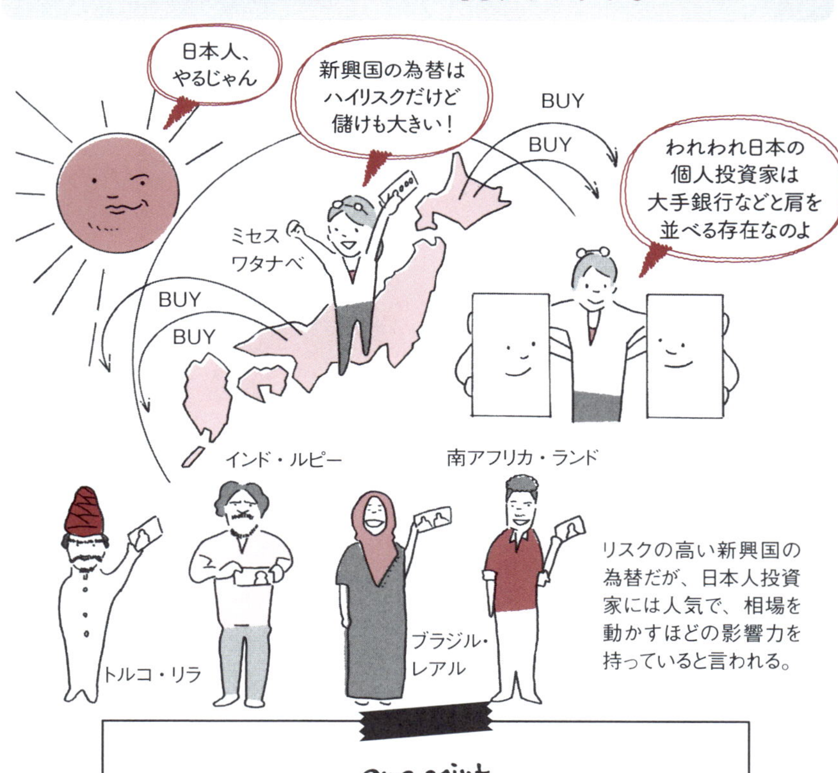

リスクの高い新興国の為替だが、日本人投資家には人気で、相場を動かすほどの影響力を持っていると言われる。

One point

ミセスワタナベは外国為替証拠金取引（FX）の投資家を意味する言葉。日本人の主婦や、サラリーマン投資家が中心であることから、この名前が付いた。キモノトレーダーとも言う。

リターンより前に、リスクをコントロールしよう

目先のリターンを追い求めると、リスクへの関心が希薄になります。そんなとき、本項の内容を思い出してください。

国内外の債券や株式などに投資を行い、資産を増やそうとすると、どうしても「リターンを上げなくては」という、利得を追い求める心（欲）が強くなってしまいます。しかし、将来の展開は不確実です。また、将来の展開を、自分の思ったようにコントロールすることは不可能です。アセットクラス別にリスクとリターンの特徴を理解することによって、これまで漠然としていた“リスク”の実態が、より身近なものになったと思います。これが、よりよいリスクのコントロールに欠かせません。

リスクとリターンを必ず考えること

お客さん、次勝ったら倍になりますよ？
ただし、勝率は5%です
とにかくリターンを上げないと

熱くなってはいけません

資産を増やすことばかり考えると、リスクを見落としてしまうので要注意。

リスク＝元本割れではありません。リスクをとれば、儲かることも、損をすることもあります。リスクをコントロールするためには、わかるものから投資をしましょう。相場の格言に“**遠くのものは避けよ**”というのがあります。これは、“わからないものには手を出してはならない”ということです。また、投資と言われると、とにかく積極的にリスクをとるアグレッシブなスタイルを思い浮かべる人がいます。これは間違いです。“休むも相場”と言われるように、わからないもの、想定外の事態に直面したときには、腰を落ち着けてわからないことをなくす。これがリスクのコントロールに必要な心得です。

わかるものに投資をしよう！

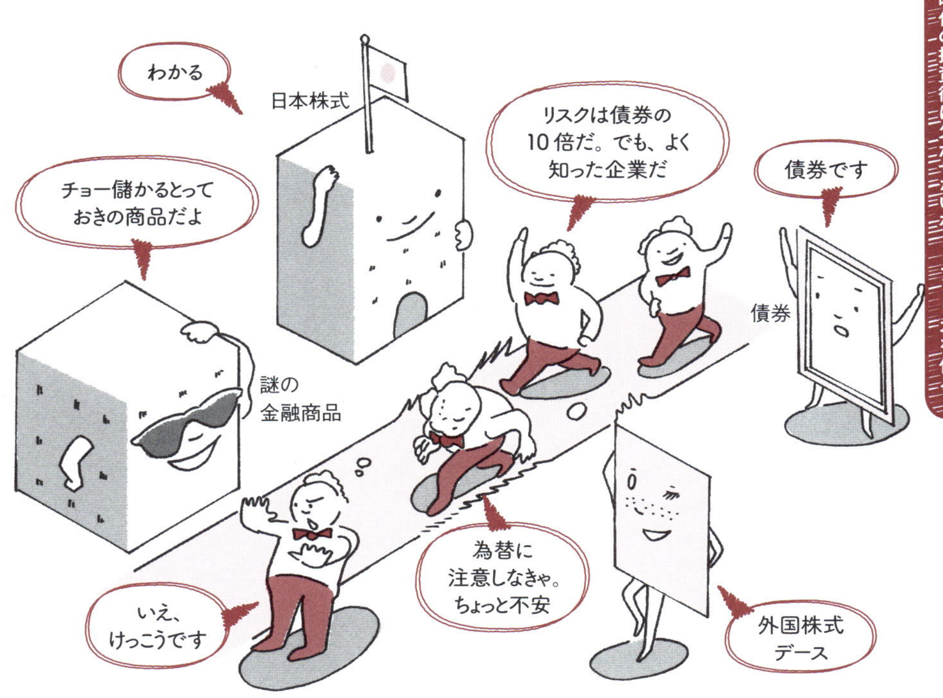

投資は自分のわかる範囲で行うこと。わからないもの
に関しては手を出さないようにしよう。

人生100年時代を乗りきるポートフォリオを作る

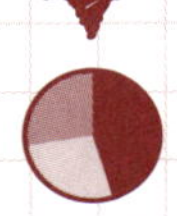

人生100年時代と言われる現代。長い人生の支えとなるのは、何と言ってもお金です。賢い資産運用を身に着けましょう。

資産を運用する上で避けなければならないことは、損を出すことです。そのためには、短期的なリターンを追い求める投機ではなく、投資＝**長期投資**を行ってください。20年、30年後の生活の糧を得るつもりで、お金とタイミングを分散しつつ、期待収益率、リスク、コストのバランスを考えて分散投資を行いましょう。これが、人生100年時代を乗りきるポートフォリオ構築の極意です。株式は比較的リスクの高い商品です。ただ、多くの国において、長期的に株価は右肩上がりで推移しています。高値づかみを避けさえすればよいのです。

投資は長い目で見ることが重要

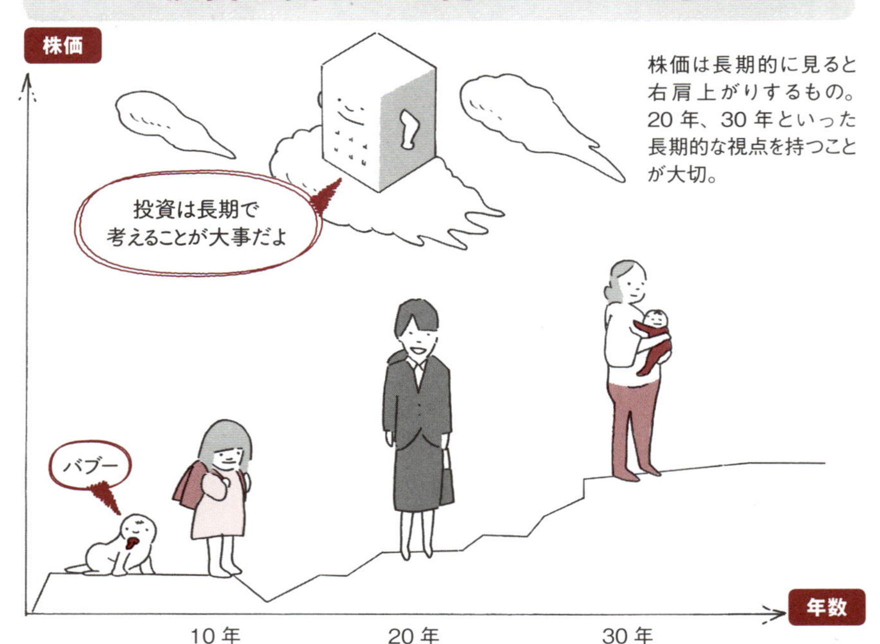

株価は長期的に見ると右肩上がりするもの。20年、30年といった長期的な視点を持つことが大切。

そのためのヒントは、身の回りにあります。株式への投資を真剣に考えるのであれば、自分がよく知っている企業に関心を持つとよいと思います。たとえば、洗剤や食品などの生活必需品は、多くの人が毎日使います。景気がよくても悪くても、日用品の需要は大きく変わりません。一発逆転満塁ホームランのような“大化け”する企業を探すよりも、身の回りにある企業のことを理解したほうが、投資はずっと楽になります。その上で、長期的に成長が期待できると考えるのであれば、リスクを踏まえた上で投資を行えばよいでしょう。

大化けする企業より身近な企業を！

PART

2 資産運用 用語集

Chapter03 ～ 04 では、株式などのリターンで利益を得る方法について紹介してきました。使用された重要単語を説明します。

KEY WORD

インカム・ゲイン

インカム・ゲインとは、預貯金の利息、債券投資から得られる利子収入、株式の保有からもたらされる配当収入などを言う。債券の利子収入は一定であることが多いが、株式の配当収入は企業の業績などによって変動する。

KEY WORD

キャピタル・ゲイン

キャピタル・ゲインとは、保有する資産の価格が値上がりすることによって得られる利得を指す（売買差益）。10万円で購入した株式が 15 万円になり、そのタイミングで売却すると、キャピタル・ゲインは５万円（手数料などはかからないと仮定）。

KEY WORD

リスクマネジメント

リスクマネジメントとは、資産の運用などにおいて、資産の価格などの不確実性をどう評価し、資産の運用を行うべきかを考え、損失の低減や回避を図ることを言う。資産のクラスによってリスクの水準は異なり、まずは個別のアセットクラス（資産のタイプ）ごとにどの程度のリスクがあるかを理解することが求められる。

KEY WORD

分散投資

分散投資とは、資金の運用において、お金を特定の資産に集中して一気に投資するのではなく、複数の銘柄、あるいはアセットクラスに分けて（分散して）投資することを言う。分散投資は、資産運用の基本。

KEY WORD

塩漬け株

塩漬け株とは、購入した価格（簿価）よりも、価格（時価）が大きく下がってしまい、売却すると大きな損失が発生するため売るに売れない（仕方なく保有している）株のことを言う、簿価からどれだけ下がれば、あるいはどの程度保有していれば塩漬け株とされるか、厳密な定義はない。

KEY WORD

ペイオフ

ペイオフとは、預貯金を受け入れる金融機関が破綻した場合、預貯金一定部分の払い戻しを保証する制度を言う。ペイオフでは、利息の付かない決済性預貯金はすべて保護される。一方、利息の付く預貯金（普通、定期預金）は預貯金者1人あたり元本1000万円とその利息までが保証される。それを超える部分は、破綻した金融機関の財務内容などによって払い戻される金額が決まる。

KEY WORD

期待収益率

期待収益率とは、将来の一定期間において獲得が期待される収益（利得）を率で表したものを言う。100万円でA社の株を買う際、1年間で5％の利得が予想されるとすると、期待収益率は5％である。

KEY WORD

コモディティー投資

コモディティー投資とは、金、原油、小麦などの商品（コモディティー）への投資を言う。近年ではコモディティー価格に連動するETF（上場投資信託）も取引されている。

column No.4

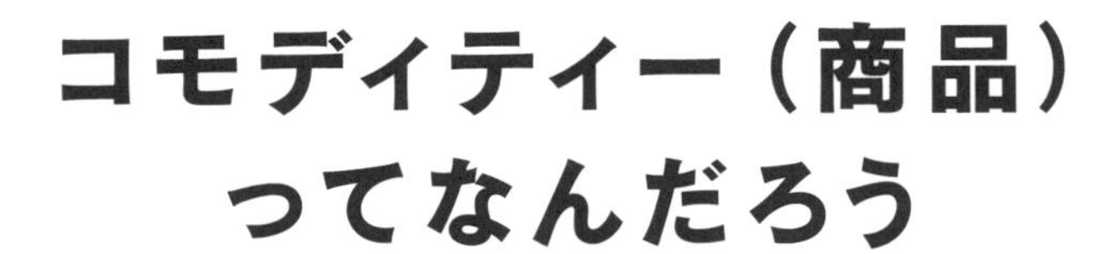

コモディティー（商品）ってなんだろう

みなさんは、“コモディティー（商品）”という言葉を聞いたことがあるでしょうか。耳慣れないかもしれませんが、人生100年時代の資産運用を考える上で、コモディティーの役割、特に、金、を理解しておくとよいと思います。

コモディティーとは、原油や小麦、銅などのいわゆる“モノ”です。コモディティーに投資を行う場合は、現物（モノそのもの）を買うのではなく、先物という金融商品を用います。

コモディティー投資の中でも理解していただきたいのが、金に投資する意味です。昔から、金は富や権力の象徴として、大切に扱われてきました。世界の金融市場では、金＝安全資産と見なされています。“有事の金”と言われるように、ほかの金融商品への投資が行いづらいときは、投資のラストリゾート（最後のよりどころ）として金に注目が集まります。なぜなら金の価値は安定しているからです。

2001年9月11日の米国同時多発テロは、金への注目が集まるきっかけになりました。その後、2008年9月のリーマンショックの発生を受けて、米国経済は大きく混乱し、米ドルへの信頼が低下しました。また、2010年以降は、ギリシャの財政危機などを受けて欧州の単一通貨ユーロが下落しました。こうしたメジャーな通貨の価値が下落すると、世界の投資資金は資産の価値を守るために、金に向かいます。

わが国では、少子化と高齢化と人口の減少が3つ同時に進んでいます。この状況が続くと、日本経済は停滞する恐れがあります。また、米国や欧州などでは、政治への不安が高まっています。長期的に見ると、先行き不安を反映して金の（先物）価格は上昇傾向にあります。政治、経済、地政学などリスク要因が増える環境の中で、長期の視点で資産を守り増やすためには、金への投資も重要な手段の一つとなるでしょう。

“バブル”に要注意

” バブル” と聞くと「危険なもの」と
思われるかもしれません。
しかし、バブルはチャンスでもあるのです。
バブルとの正しい付き合い方を学んでいきましょう。

“バブル”ってなんだ

誰でも一度は「バブル景気」「バブル経済」という言葉を聞いたことがあると思います。そもそも“バブル”とは一体どういう意味なのでしょうか。

資産の運用で最も重要なのは、“バブル”との付き合い方です。バブルとは、理屈では説明できないほどに、資産の価格が上昇する経済の現象を言います。歴史を振り返ると、いつも、どこかで、大なり小なり、バブル、あるいはそれと思しき相場が発生してきました。バブルとは“泡”のことです。シャボン玉の液を器に入れ、ストローで息を吹き込みます。ブクブクと、勢いよく泡が膨らみます。ある程度まで膨らむと、泡は“パチン！”とはじけ、あとかたもなくなってしまいます。実は、**資産の価格も、何らかの材料（原因）をきっかけにして、勢いよく泡が膨らむように上昇し続ける**ことがあります。

資産が上昇し続けるバブル

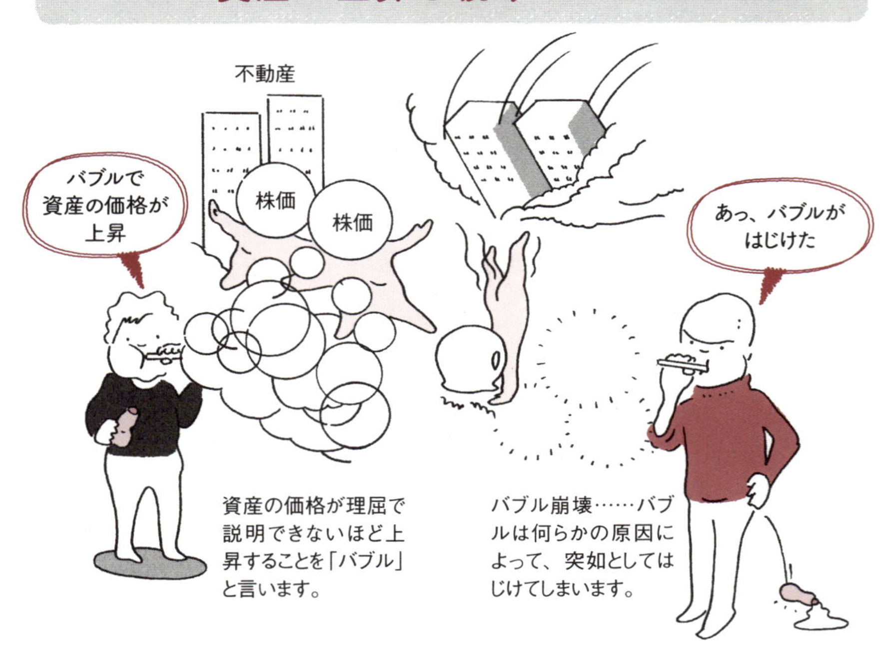

資産の価格が理屈で説明できないほど上昇することを「バブル」と言います。

バブル崩壊……バブルは何らかの原因によって、突如としてはじけてしまいます。

相場が上昇する中、近所の人や友人が上昇している資産を買ったと聞くと「えっ、あの人も買ったのか。乗り遅れるわけにはいかない」とつられてしまいがちです。そうした人が増えると上がるから買う、買うから上がるという強気な心理が連鎖し、「もう、成長間違いなしだ」と根拠なき楽観が人々の心理に浸透します。それが資産の価格をさらに上昇させ、バブルが膨らみます。その中、目ざとい人は高値で資産を売り、利得を得ようとします。つられて資産を売る人も増えます。急速に資産の価格が下落し、バブルははじけます。上昇したときとは反対に、下がるから売る、売るから下がるという負の連鎖が続き、**上昇した局面をはるかに上回るスピードとマグニチュードで、相場が急落**するのです。

バブルのしくみ

“バブル”発生の原因

1980年代半ばからはじまった日本のバブル景気。その発生原因について解説していきましょう。

バブルは資産の運用に決定的な影響を与えます。バブルの発生を見分け、うまく付き合うことは、資産の運用において最も重要です。バブルが発生する背景には、二つの重要の要因があります。**“カネ余り”と“成長への過剰な期待”**です。カネ余りには、中央銀行の金融政策が強力な影響を与えます。景気が減速（経済成長率が低下）しはじめると、中央銀行は利下げなどを行い、企業や家計が資金を調達しやすくなるように取り組みます。ただ、利下げを行っても景気が上向くとは限りません。その場合、行き場を失った投資資金が、虎視眈々（こしたんたん）と、流入する対象（資産）を待ち構えるのです。

バブル発生の原因

客が少ないなぁ
家に貯蓄していたほうがいいよね
不動産
不動産
資産に不動産はいかがですか？
今は買わない

金融市場では、毎日、全員参加型の国民投票が行われています。100 人中 51 人が買う資産の価格は上昇します。人々が「価格が上昇する」と思うためには、成長への強い期待が欠かせません。わたしたちの心理（期待など）が資産の価格に強く影響します。たとえば、1980年代半ばから1990年代前半にかけて、わが国では株価と不動産の価格が大きく上昇する“資産バブル”が発生しました。1980 年代半ば、日本銀行は利下げを行いました。金利低下を受けて投資（投機）資金が株や不動産に流れ、徐々に“株価も地価も上昇間違いない”と過度な成長への期待が高まりました。それは神話と言ってもよいほどの強力な期待でした。

03 強気な人が増えた：“バブル”を疑え

“バブル”との付き合い方では、現状がどうなっているかを考えましょう。もし、過去数年の間に資産価格が上昇していたら要注意です。

バブルが発生すると、徐々に先行きへの楽観が増えます。それを確認する方法は、身の回りの人（学校の友人、会社の同僚、同じ趣味を持つ友達）などに、今、景気がよいと思うかどうかを聞くことです。たとえば、それまで資産の運用に関心を持っていなかった友人が、「株式投資をはじめた」と言いはじめたら、その理由を確認しましょう。もし、「周りの人が儲かると言っているから自分もやろうと思う」といった、周囲に同調する行動が確認できた際には、バブルの熱狂に影響されていないか、よく考えましょう。**10人に聞いて7人くらいが強気になった際**には、バブルの可能性に要注意です。

バブル状態の見極め方①

友人から教えてもらって株式投資をはじめたわ

こりゃバブルが発生しているんじゃないか

これから価格が上がるわ

同じ趣味の友人

バブルのピークかもしれないから様子を見よう

他社の知り合い

知り合いがみんなやっているからね

今はバブルなのかを見極めたい

不動産投資しているの？

学校の友人

会社の同僚

株式投資はじめたの？

身の回りの人に聞こう

今が買い時だから買ったほうがよいぞ

社会全体で強気が増えているか否かを考える方法もあります。電車の中づり広告は、有効だと思います。女性向けの週刊誌に関する広告などで、“株式投資で億万長者を目指せ”などの見出しが増えたら、要注意です。2017年末にかけて、仮想通貨“ビットコイン”の価格が急騰しました。その際、電車の中づり広告でビットコイン投資を謳う文句を見たベテランファンドマネージャーは「ビットコインバブルはピークだ」と直感したそうです。書店に“世紀の大相場が到来”といった過度に強気なタイトルの本が並んだり、投資勧誘のイベントが増えた際には、バブルのピークが近いと考えたほうがよいと思います。

バブル状態の見極め方②

04 “バブル”に飲み込まれてしまうと高値づかみをしがち

バブルでの資産運用では冷静な判断が重要です。しかし、常に冷静でいることは容易ではありません

注意していても、資産の価格上昇の誘惑に打ち勝つことは容易なことではありません。株価や不動産の価格が上昇し、あの人も買った、投資経験のない知り合いのお母さんまでもが資産運用で儲けているなどと聞くと、いてもたってもいられなくなってしまいます。浮き足立ち、資産のリスクや過去の価格の推移に照らした水準感（右肩上がりで上昇しているかいないか）を確認することもなく、バブルに参戦してしまう人は大勢います。そうなると、買うから上がる、上がるから買うの熱狂に飲み込まれ、高値づかみをしてしまいがちです。

バブルで判断を誤ると…

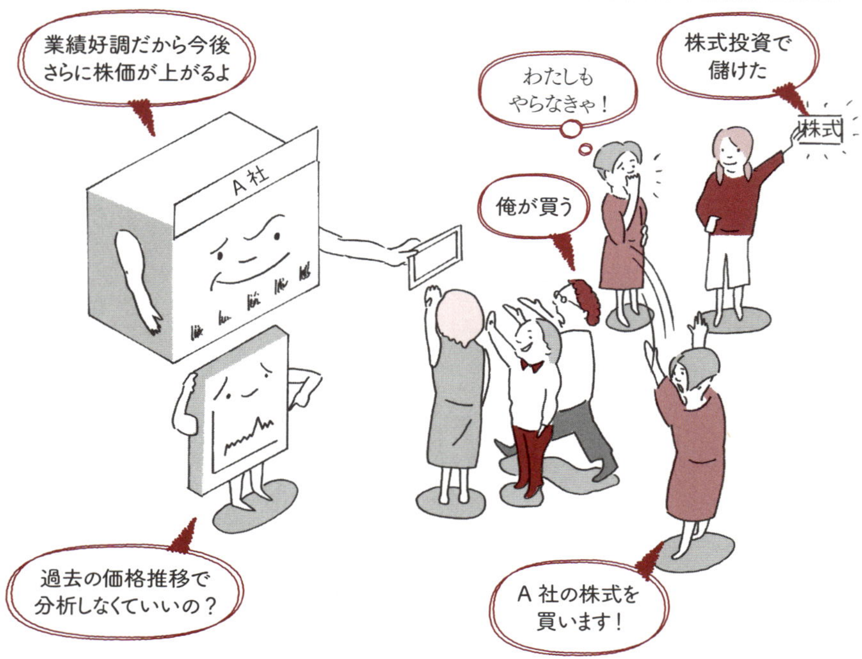

バブルに飲み込まれてしまうと、成長への過度な楽観や強気のあまり、**売ることをためらってしまいがち**です。そうなると、バブルの崩壊に直撃され、資産を大きく減らすことになるでしょう。注意が必要なのは、バブルがはじけると、資産の価格は上昇にかかった時間よりも、はるかに速いスピードで急落することです。たとえば、1989年末に最高値を付けた日経平均株価は、1992年8月、14000円台まで下落しました。相場の格言に“天井三日、底百日”とあるように一度相場が下がると、かなりの期間、低迷が続くこともよくあります。

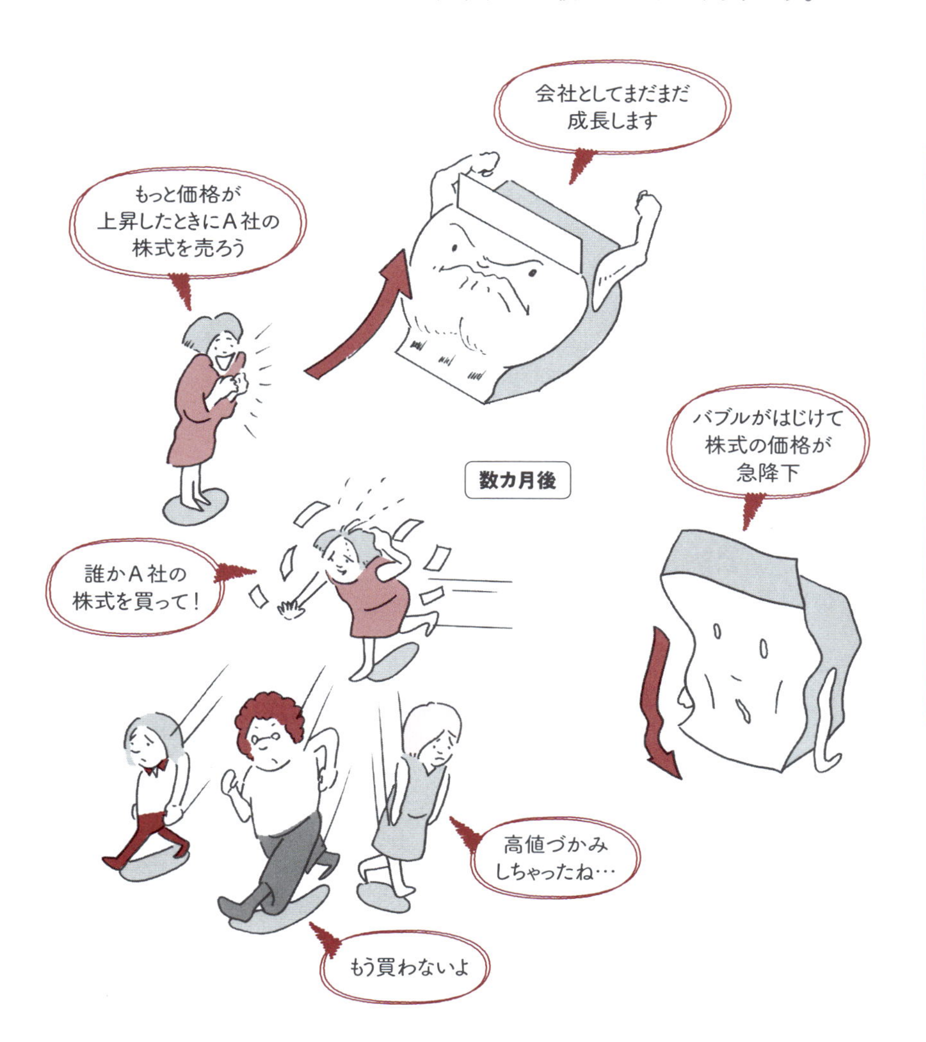

数年間で価格が数倍：バブルのピークを疑え

数年間で価格が数倍に上昇した場合、「これはバブルのピークが近いな」と疑うべきです。

数年単位で株価の推移を確認し、数倍になった際には、徐々に利益を確定するか、新規の投資に慎重になるべきでしょう。1985年末13000円台だった日経平均株価は、1989年末に38,915.87円の過去最高値まで急上昇しました。約4年で株価は約3倍も上昇したのです。株以外の資産にもこの法則は当てはまります。たとえば17世紀オランダで発生した"チューリップバブル"の際、1630年代半ばにチューリップの球根一つの価値が急騰したとの記録があります。

世界最初のバブル経済事件

1990 年代半ばから 2000 年 3 月まで、米国では IT バブル（株式のバブル）が発生しました。インターネットの“成長神話”から“ドットコム”と名の付く企業であれば、構わず株価が上昇したのです。1995 年末 1000 ポイント台だったナスダック総合指数は、2000 年 3 月、5000 ポイント台まで大きく上昇しました。IT バブル崩壊後、米国では金融の緩和や減税から投資資金が住宅市場に流入しました。この結果、**2005 年末頃まで“住宅バブル（不動産価格の急騰）”が起き、マイアミなどで住宅価格が大きく上昇しました。**

米国のITバブルとは？

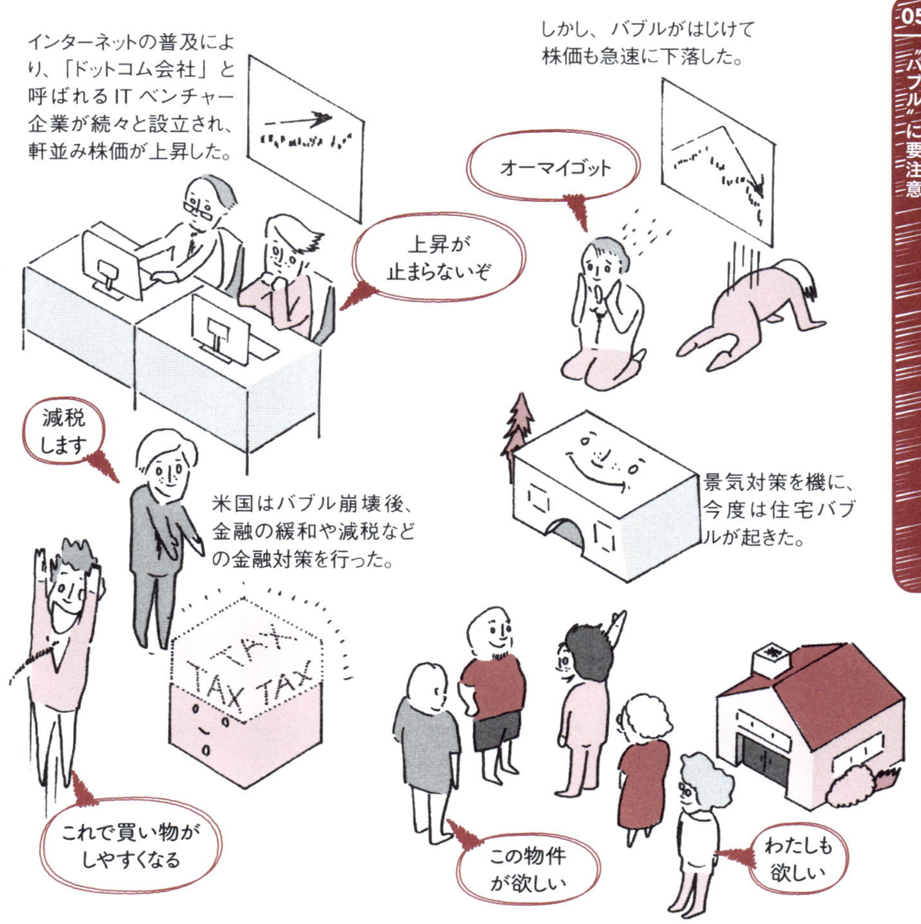

06 人生を左右する、“バブル”との付き合い方

バブルが発生すると、銀行も積極的に資金を貸し出します。これにより投資の資金を増やし、より多くの利益を得ようとする人が増えます。

資産の運用において重要なのは、**バブルの発生に気づくことです**。バブルとの付き合い方が、人生を左右します。1980年代後半のわが国ではバブルの熱狂の中、銀行は融資の担保である不動産などの価値が上昇し続けると考え、積極的に資金を貸し出しました。同時に、資産価格の上昇への過度な期待から、借入を行って投資の資金を増やし、より多くの利得を手に入れようとする人も増えました。当時、借金のリスクが真剣に考えられることはありませんでした。“あばたもえくぼ”のように、借入をして投資をする人こそ成功者と見なす風潮さえあったように思います。

成功者は借入をして投資をする

バブルがはじけると、資産の価値は崖から突き落とされるような勢いで急落します。その一方、借金の価値は変わりません。1000万円の自己資金と9000万円の借入によって1億円の不動産を買い、バブル崩壊によって不動産の価値が5000万円になったとしましょう。5000万円で不動産を売っても、4000万円の借金が残ります。利払いの負担もあります。1990年代初頭のバブル崩壊後、景気が悪化する中で債務を返済することは並大抵なことではなく、わが国では自己破産に陥る人が増えました。

借金の価値は変わらない

07 “バブル”の崩壊は投資のチャンス

バブルが崩壊すると多くの資産の価格が急速に下落してしまいます。しかし、実は景気が悪いときこそ投資のチャンスがあるのです。

バブルとうまく付き合うためには、バブルが膨らむ中で高値を追うのではなく、バブルが崩壊したあとの局面を生かすことが大切です。要は、高値づかみを避けるのです。米国のITバブルや住宅バブルなど、規模の大きなバブルが崩壊すると、世界的に株式や不動産、コモディティーなど、多くの資産の価格が急速に下落します。株価が下落すると、人々の“マインド（気持ち）”も沈んでしまい、消費や投資が減ります。その結果、バブルが崩壊すると経済は失速し、停滞してしまうのです。言い換えれば、バブルが膨らむ中での楽観が急速になくなり、その崩壊とともに“あつものにこりてなますを吹く”心理が社会に蔓延します。

バブルのあとにチャンスあり

身近な人が、「もう株式投資はこりごりだ」、「景気がすこぶる悪い」と口にすることが増えたら、チャンスだと思いましょう。バブルがはじけ、資産の価格が大きく下がったときこそ、投資のチャンスです。2007年秋、米国の株式市場は“住宅バブル”の余韻に浸り、当時の最高値圏にありました。その後、2008年9月にリーマンショックが発生し、翌年3月上旬に株価は高値から50%（半分）の水準まで下落しました。当時、多くの人が資産価格の急速かつ大幅な下落に恐れおののき、極端にリスクを避けていました。そうしたときこそ、**タイミングと金額を分けてリスクのある資産を買うチャンスです**。

08 投資の秘訣──“安く買って、高く売る”

バブルとの付き合い方で最も重要なのは、プロ、個人に関係なく“安く買って、高く売る”ことにつきます。

資産の運用（投資）においてはいろいろと難しく考えるのではなく、いかに安く買うかにこだわりましょう。そのためには、大半の人が株などを売っているときに、株式を買える“ゆとり”が欠かせません。規模の大きなバブルは、おおよそ10年に一度の割合で発生しています。今、中国の不動産の市場では、バブルが残っています。チャンスを逃したからといって、焦る必要はありません。

資産の運用（投資）では、気持ちにゆとりを持つべし

焦らないようにするためには、できるだけ若いとき、あるいは時間のあるうちに投資をはじめ、安値を狙えるチャンスを増やすべきです。その上で、経済の成長率や企業の収益動向、中央銀行の金融政策などを確認し、**長めの目線で、気持ちを落ち着かせながら投資すればよいでしょう。**プロのファンドマネージャーは、基本的には四半期ごとに運用の成績を評価されます。しかし、個人に期間損益の評価は関係ありません。自分のペースで資産を運用すればよいのです。気持ちを落ち着かせ、資産にできるだけ安く投資することを目指してください。

投資は長い目線で観察すべし

column No.5

わが国の資産バブルの教訓

1980 年代半ばから 1990 年代初頭にかけて、わが国では資産バブルが発生しました。このとき、多くの個人も、銀行などの金融機関も、一般の企業も、果てには政府や自治体も、「未来永劫、永久に、成功は続く」と信じ込んでしまいました。

景気にはうねりがあります。景気は谷(最も景気が悪い状況)から山(ピーク)を越え、再度谷に至ります。これを景気の循環と呼びます。未来永劫景気が拡大を続け、資産の価格や企業の収益が増え続けることはあり得ません。どこかで景気はピークを越え、減速するのです。

しかし、わたしたちは常に冷静に、合理的な判断を行うとは限りません。ときには理由がないにもかかわらず、先行きに過度な自信を持ってしまうこともあります。バブルはそのよい例です。

わが国では多くの人がバブルに踊りました。問題は、1990 年代初頭にバブルが崩壊したあと、わたしたちの前向きな心理が急速に沈み、その状態が続いてきたことです。

資産の価格が急速に下落し、経済が長期の停滞に陥る中、わが国は新しいことに取り組むのではなく、現状維持を重視してしまいました。

それが、“失われた 30 年”などと呼ばれる長期停滞の原因です。わが国はバブル崩壊に打ちひしがれ、極端に守りの姿勢を固めてしまいました。その結果、世界経済の環境の変化(IT 化、新興国の台頭など)に適応することが難しくなったのです。わが国の企業の競争力は低下し、1990 年代以降、わが国の株価は大きく低迷しました。バブルが崩壊したときは、投資だけでなく、新しいことをはじめるチャンスだという考え方を持つことができれば、その後の人生をより有意義なものにすることができると思います。バブルのあとにチャンスありです。

投資に欠かせない経済の見方

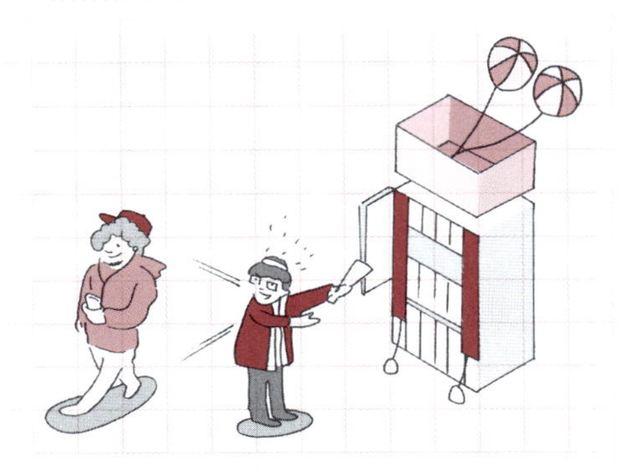

投資に経済の知識は欠かせません。
経済と聞くと「難しそうだなぁ」と思う方も
いるかもしれませんが、基本を押さえるだけで
経済は「読める」ようになります。

01 鳥が空から地上を見渡すように考えよう

P118で解説しましたが、資産の運用は安く買って、高く売ることが重要です。ここでは、その手法について勉強していきましょう。

そもそも資産の価格が低い、安いはどのように考えればよいのでしょうか。まずは経済全体の動きを把握することが大切です。鳥が空から地上を見渡すような気持ちで経済全体を考えましょう。基本的に、資産の価格は経済の成長率＝GDP（国内総生産、経済の規模を計る統計データ）の成長率に連動して推移します。長めの目線で見ると、株価はGDPの成長率に沿って動くことが知られています。

経済の成長率を見よう

その国の経済の成長率が上向くということは、企業の儲け（収益）とわたしたちが受け取るお給料の合計額が増えるということです。景気がよくなれば、企業の売り上げは増えるでしょう。企業の儲けが増えれば、配当が増えると期待できます。そうした期待が株価を上昇させます。つまり**①今、経済全体がどのような状況にあるか。②今後、経済全体がどうなるか。**この二つに関して自分の考えをまとめることが、資産の運用に欠かせません。特に、近年の世界経済ではグローバル化が急速な勢いで進んでいます。国レベル（日本や中国、米国）、地域レベル（アジア、欧州）、グローバル（世界全体）の３つの視点で、経済の状況と今後の展開を考えることが大切です。

景気がよくなる→企業の売り上げが上がる→株主への配当が増える→そうした期待が株価を上昇させることにつながる。

02 景気とGDPの関係

国、地域、世界全体での経済の動きを考えるには、"景気"が何かをしっかりとわからなければなりません。

景気とは、経済全般に関する人々の認識、感じ方のことを言います。最も重要なことは、景気はGDP成長率によって評価が行われるということです。この点をしっかりと理解することが、経済環境の把握には欠かせません。GDP成長率がプラスであれば、景気がよいということです。なぜならGDPは一国内で生み出された企業の収益とお給料の合計額だからです。反対に、GDP成長率がマイナスである場合、景気は悪い（弱い）と評価されます。

GDPの4つの項目

GDP（国内総生産）は、一定期間内に国内で生み出された付加価値の総額を表すもので、GNP（国民総生産）から、海外からの純所得を引いた額です。

政府の支出

インフラ投資など公共事業にいくら使おうか

個人の消費

いらっしゃい

どこで買い物をしようかしら

GDPは①個人の消費、②政府の支出、③投資（設備への投資など）、④純輸出（輸出－輸入）を合計したものです。それぞれの増減が、景気に影響するのです。また、GDPに占めるこの4つの項目の割合を見ると、その国の経済の特徴がわかります。日米の経済の特徴は、個人消費が厚いことです。米国のGDPの70%、わが国のGDPの60%が個人消費です。純輸出の割合が高い国もあります。GDPに占める純輸出の割合を見ると、ドイツが12%程度、韓国は7%程度です。輸出への依存度が高い場合、多くの資源やモノを世界から輸入する中国経済の減速に大きく影響されます。また、中国はGDPの40%以上が投資によって生み出されています。

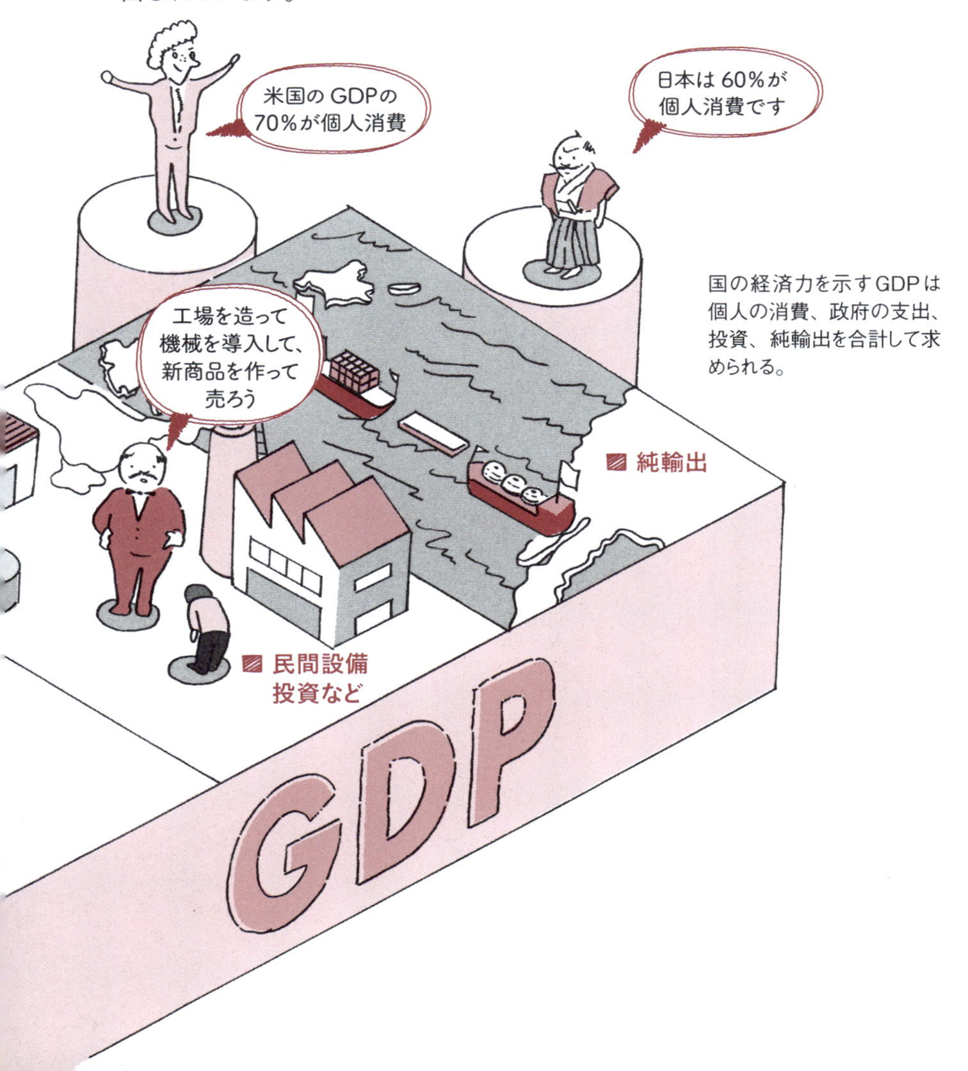

国の経済力を示すGDPは個人の消費、政府の支出、投資、純輸出を合計して求められる。

03 株価は経済成長に連動する

株価は経済成長に連動します。ここでも、GDP ＝企業の収益とお給料の合計という定義が重要なのです。

GDP 成長率がプラスで推移する（景気がよい）場合、株価が企業の収益の増加に沿って上昇するのは当然のことと言えます。反対に、GDP 成長率がマイナスで推移する（景気が悪い）場合、株価は軟調、あるいは下落基調で推移するでしょう。言い換えれば、**GDP 成長率がマイナスに落ち込んでいる状況は、株式に投資を行うチャンスである可能性があります**。なぜなら、景気が落ち込むと政府や中央銀行が景気を刺激しようとし、徐々に経済の環境がよくなることが想定されるからです。

GDP成長率マイナス時こそチャンス

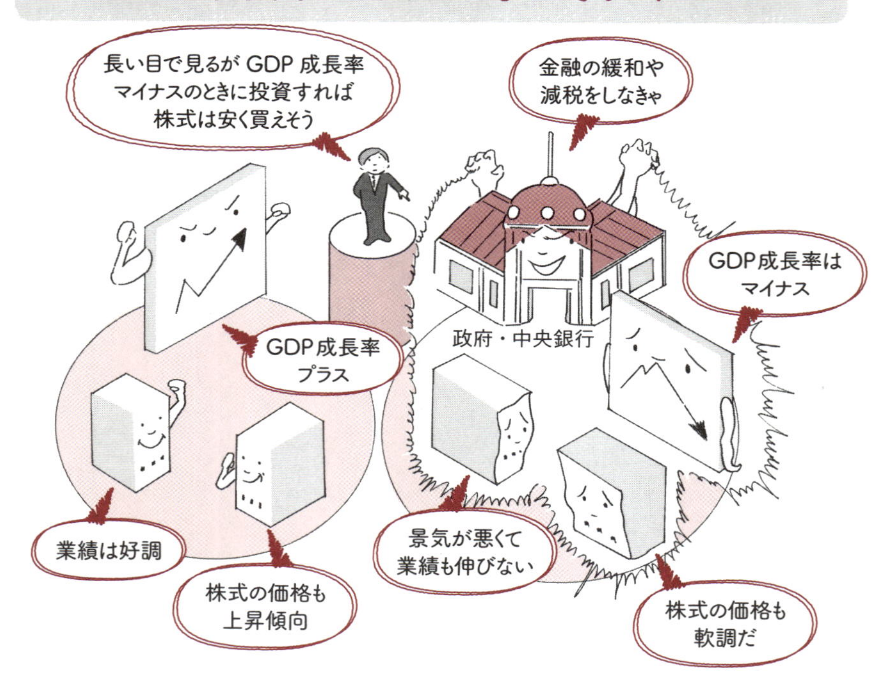

また、経済成長のスピードは、国の発展段階によっても異なります。日本ではインフラ投資が一巡し、人口は減少しています。そうした先進国の成長率は低位に推移するでしょう。一方、中国、ブラジル、インド、インドネシアなどの新興国に関しては、相対的に高い経済成長が見込まれています。最大の特徴は人口が多い、あるいは人口の増加ペースが速いことです。また、新興国では工業化を推進し生産能力やIT先端技術の向上のために、投資（設備やインフラへの投資など）も積極的に行われています。過去、そうした成長への期待を反映し、新興国の株価は先進国よりもより大きく上昇してきました。

日本と新興国の成長率

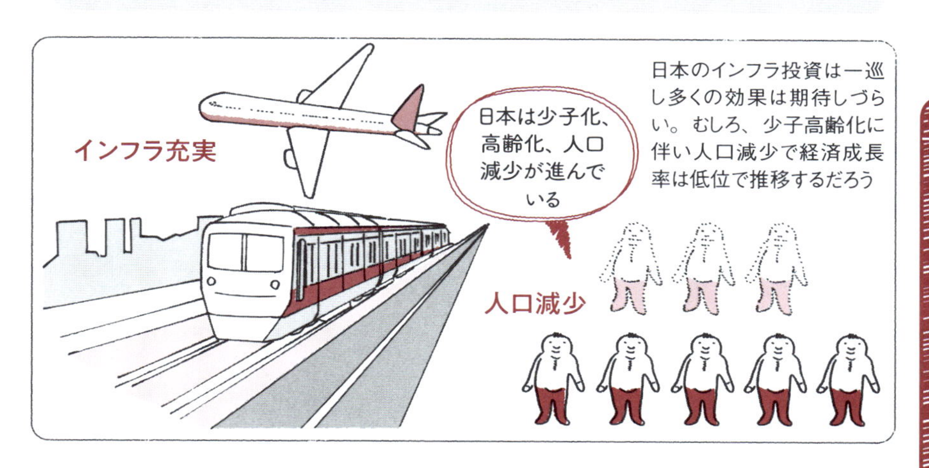

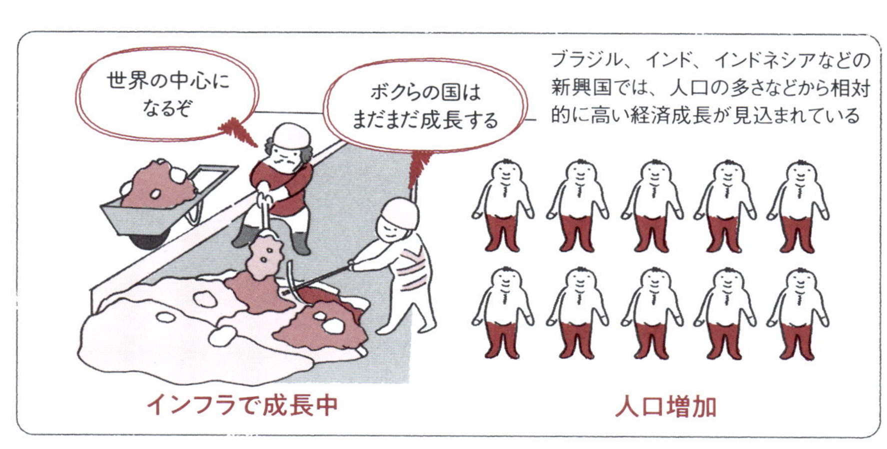

未来永劫、経済が成長することはあり得ない

未来永劫、経済が成長することはあり得ません。GDPを深く考えると、なぜ、経済が成長し続けることはないかがよくわかります。

GDPの計算を行う国民経済計算では、基本的に、個人の消費など“支出”をベースにして経済をとらえます。個人の消費とは、わたしたちがモノやサービスを消費することです。つまり、GDPは需要に着目して、経済が成長しているか否かを評価します。需要とは、商品などに対する欲求のことです。つまり、欲しいと思う気持ちです。みなさんの生活を振り返ってみると、「どうしても欲しい」と思うものがあると、買わずにはいられないでしょう。アップルのiPhoneはその一つです。

需要＝欲しい、欲求

多くの人が欲しいと思ってしまうモノが生み出されれば、企業の収益は増え、経済は成長する。欲しいものがない＝需要が飽和したということ。

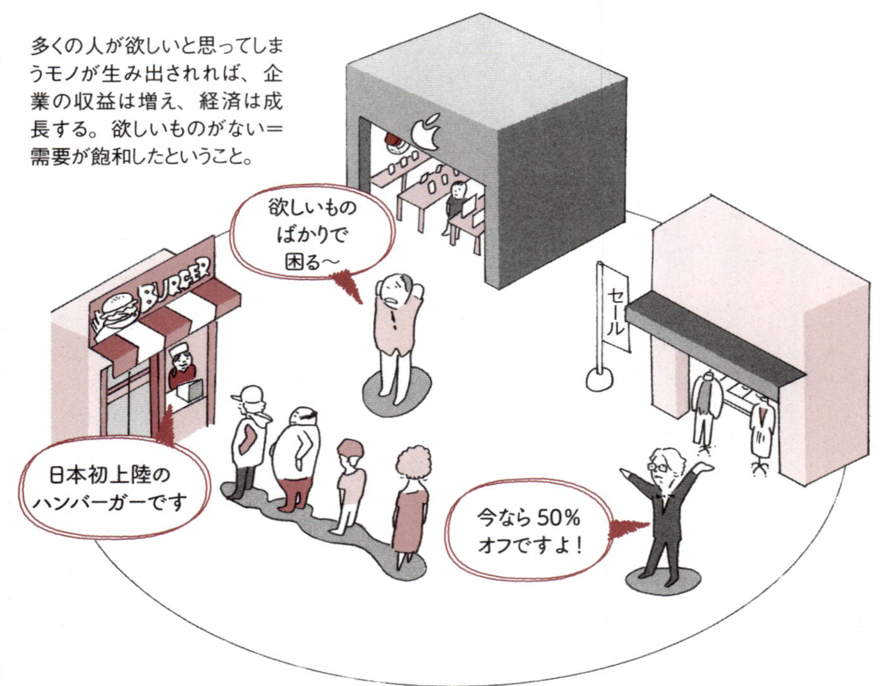

欲しいもの
ばかりで
困る～
BURGER
セール
日本初上陸の
ハンバーガーです
今なら50%
オフですよ！

かつて、ソニーのウォークマンも大きくヒットしました。そうしたヒット商品が生み出されると、経済は成長し、株価など資産の価格も上昇します。新しい商品を手に入れて使い飽きてしまうと、多くの人が満足してしまいます。これを**需要の飽和**と言います。その結果、企業の売り上げは伸び悩み、経済の成長率が低下します。成長を続けるためには、思わず「ほしい」と思ってしまうヒット商品を生み出すことが欠かせません。しかし、何がヒットするかは、はじめからはわからない。そのため、GDP 成長率は浮き沈みします。バブル崩壊後の日本のように守りを重視した考えが経済全体に広がってしまうと、新しいことを進め、ヒット商品を生み出すことは難しくなります。それは、GDP 成長にマイナスです。

GDP成長率を上げる方法

05 グローバルな景気の見方

近年、世界経済ではグローバル化が進んでいます。グローバル化とは、各国の経済の関係性が強くなっていることと考えればよいでしょう。

日本の企業が収益獲得のために海外に進出してきたことは、グローバル化の一つです。グローバル化が進んだ結果、各国の景気は相互に依存度を深めてきました。たとえば、中国は世界最大のモノの輸入国であり、自動車などの販売市場です。ユーロ圏の経済を支えるドイツ経済は中国の需要を取り込んできました。韓国も中国への依存を高めてきました。わが国の工作機械などの業界でも、**中国経済の動向が重要**です。

世界を代表する経済大国・米国と中国

中国はインフラ投資などで景気を支えつつIT分野にも力を入れ、世界的にも有名なIT企業「アリババグループ」などが誕生した。

グローバル経済の動向を考える上では、世界最大の経済大国である米国と、それに次ぐ経済大国である中国が重要です。なぜなら、米国と中国は自ら需要を生み出し、成長を実現する力を持っているからです。近年の世界経済は、米国の景気回復に支えられました。特に、米国のIT先端分野の“イノベーション力”がスマートフォンという世界的ヒット商品や、SNSなどを生み出しました。その中、中国はインフラ投資などで景気を支えました。それに加え、中国はIT先端分野への投資を進め、需要を生み出してきました。米国と中国の緩やかな景気の回復が、自力で需要を生み出すことが難しい欧州や日本の景気を支え、世界経済の安定が維持されてきました。

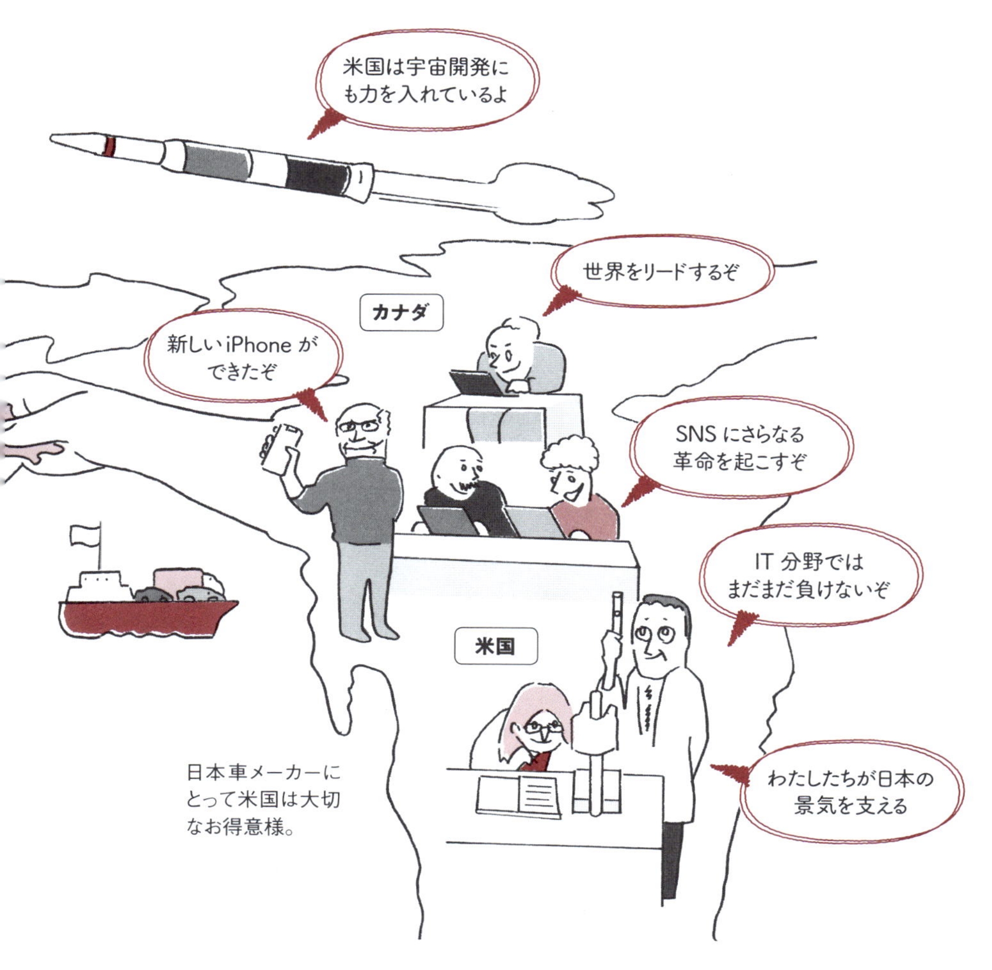

06 景気と金融政策

わが国の日本銀行をはじめ、各国の中央銀行の政策は、経済成長率に無視できない影響を与えます。一体どのような影響なのでしょうか？

GDP成長率の低下を“景気が減速する”と言います。景気が減速すると、企業の収益は減少し、雇用や所得への不安が高まります。景気がさらに減速すると、景気後退（2四半期続けてGDP成長率がマイナス）に陥る恐れがあります。この状況を防ぐために、中央銀行は“金融を緩和”します。お金は経済にとっての血液のようなものです。景気が減速すると、需要の低下に伴って経済全体を駆けめぐるお金の動きが停滞します。経済という“体”をめぐるお金＝“血液”のめぐりをよくするために、**中央銀行は金利の引き下げや資金の供給などを通して、お金を融通しやすくするのです**。

お金は経済という体をめぐる血液

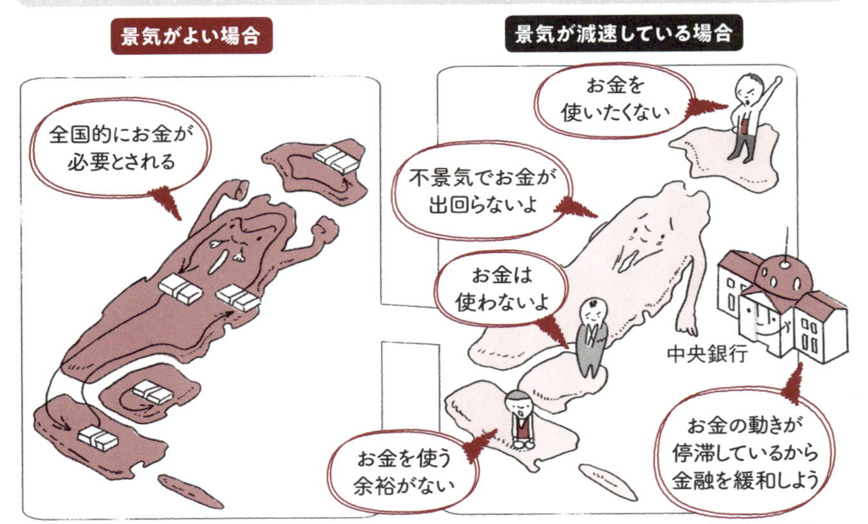

景気がよいとお金は経済を駆けめぐり循環します。

景気が減速傾向にある場合、中央銀行が金利を引き下げたりしてお金を融通しやすくする。

反対に、GDP 成長率が右肩上がりで推移すると、人々の先行きへの期待や楽観が強くなり、資産価格が高騰しかねません。これが行きすぎると、バブルが膨らむでしょう。また、需要が高まり、物価が上昇することもあるでしょう。こうした状況を、景気の過熱感が高まっている、と言うことがあります。景期の過熱を抑えるために、中央銀行は利上げなどを行い、金融を引き締めます。短期の金利を引き上げ、資金の調達コストを高めに誘導するのです。すると、人々のリスクをとる心理が幾分か落ち着き、景気の持続性が高まると考えられます。これは、自動車のオーバーヒートを防ぐことに似ています。

景気のオーバーヒートを防ぐ

景気と財政政策

政府も景気の状況に合わせて政策を打ち出します。これは、政府の支出の増加を通して GDP の増加につながります。

世界的に有名な取り組みに、米国の“ニューディール政策”があります。1929年、世界恐慌が発生しました。米国経済が大きく落ち込む中、当時の大統領だったフランクリン・ルーズベルトは、不況の克服のために、政府の支出を通して公共事業などを行いました。その目的は、雇用などを生み出し、需要を喚起することでした。代表的な取り組みに、テネシー川流域開発公社（TVA）の創設があります。これは、ダム建設などを通して雇用・所得環境の改善を目指す公共事業です。

テネシー川流域開発公社とは？

テネシー川の流域で世界初の地域開発を行い、ダムの建設のほか植林などの事業を展開。雇用の創出だけでなく、地域の活性化などを実現した。

近年の世界経済において、金融政策は限界を迎えています。すでに、わが国やユーロ圏ではマイナス金利が導入され、これ以上の金融の緩和は難しいだけでなく、金融機関の収益にマイナスの影響を与える恐れもあります。その中、主要国では財政政策への関心が急速かつ大規模に高まっています。そのため、自国通貨の発行能力を持つ国は、国債のデフォルト（債務の不履行）を気にする必要はなく、積極的に財政出動を行うことで望ましい成長率を実現できるという考えも注目されています。この財政運営などに関する新しい考え方は、**“現代貨幣理論（MMT：Modern Monetary Theory）”と呼ばれています。**

現代貨幣理論とは？

財政の悪化をそれほど気にする必要はなく、国債を発行して景気を安定させることができるという理論。

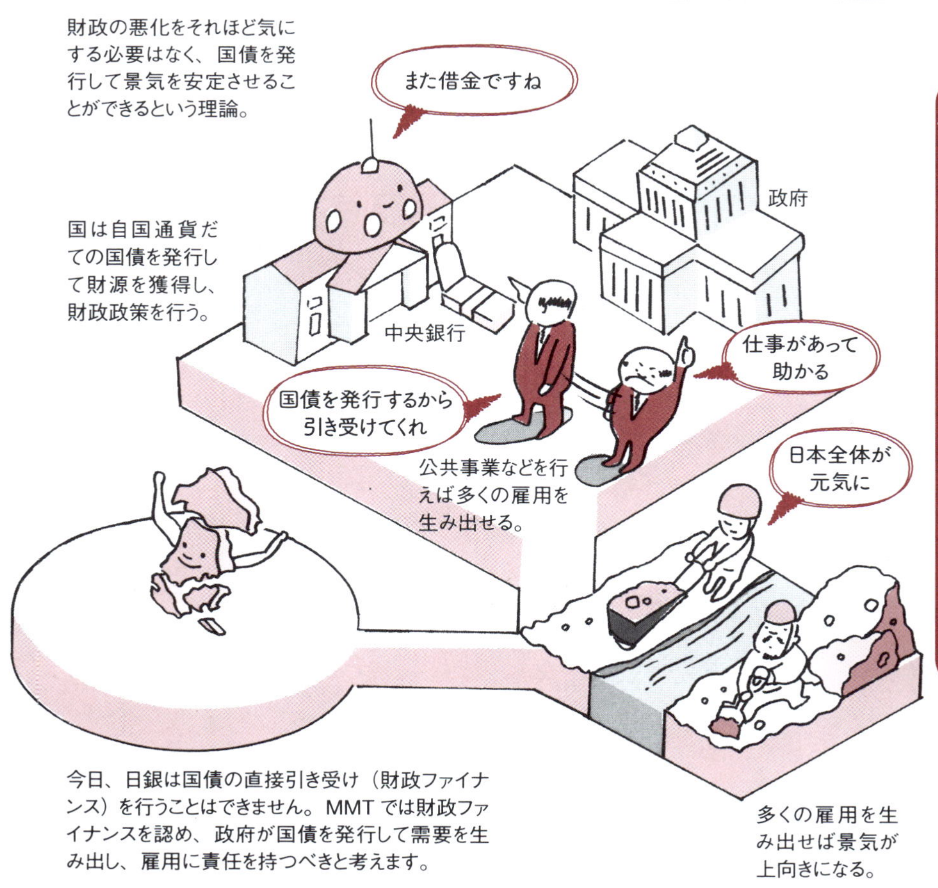

今日、日銀は国債の直接引き受け（財政ファイナンス）を行うことはできません。MMTでは財政ファイナンスを認め、政府が国債を発行して需要を生み出し、雇用に責任を持つべきと考えます。

08 景気と構造改革

経済成長率を高めるためには、金融政策や財政政策に加え、"構造改革"も大切です。具体的にどんな取り組みがあるのでしょうか？

構造改革を進めるのは、政府の役割です。構造改革とは、経済の構造（しくみや制度、ルール）を変革し成長を抑制している要因を取り除き、成長への期待が高い分野に経済資源（人・モノ・金）が再配分されやすくするための取り組みを言います。具体的な構造改革の取り組みとして、規制の緩和や特区の設置(地域や分野を限定して、新しい発想などを用いてビジネスをしやすくする取り組み)などがあります。財政の悪化と金融政策の限界に直面する日本では、年々、構造改革の重要性が高まっています。

日本を変える構造改革

課題
- アレもコレもやって忙しい
- 人手不足
- 世界的なデジタル化への対応
- 聖域なき構造改革を進めるぞ

日本の魅力再生
- 観光振興や都市の再生など

暮らしの構造改革
- IT テクノロジーの導入
- 食の安全確保など

見方を変えれば、構造改革とは経済の変化を受けて、実情に合わなくなった発想を改め、新しい民間の発想や取り組みを増やすことと言えます。構造改革には既得権益の損失などの一時的な“痛み”が伴います。しかし、それを避けて現状の維持を優先する考えばかりが続くと、世界経済の変化に付いていくことが難しくなってしまいます。バブル崩壊後の日本では、企業も政府も、専守防衛型の考えを重視し続けました。その結果、長期の視点で経済構造を変革することが難しかったように思います。それが、わが国経済が長期的な停滞に陥った一因です。財政・金融政策の限界に直面する中、わが国にとって**構造改革を進めることは重要**です。

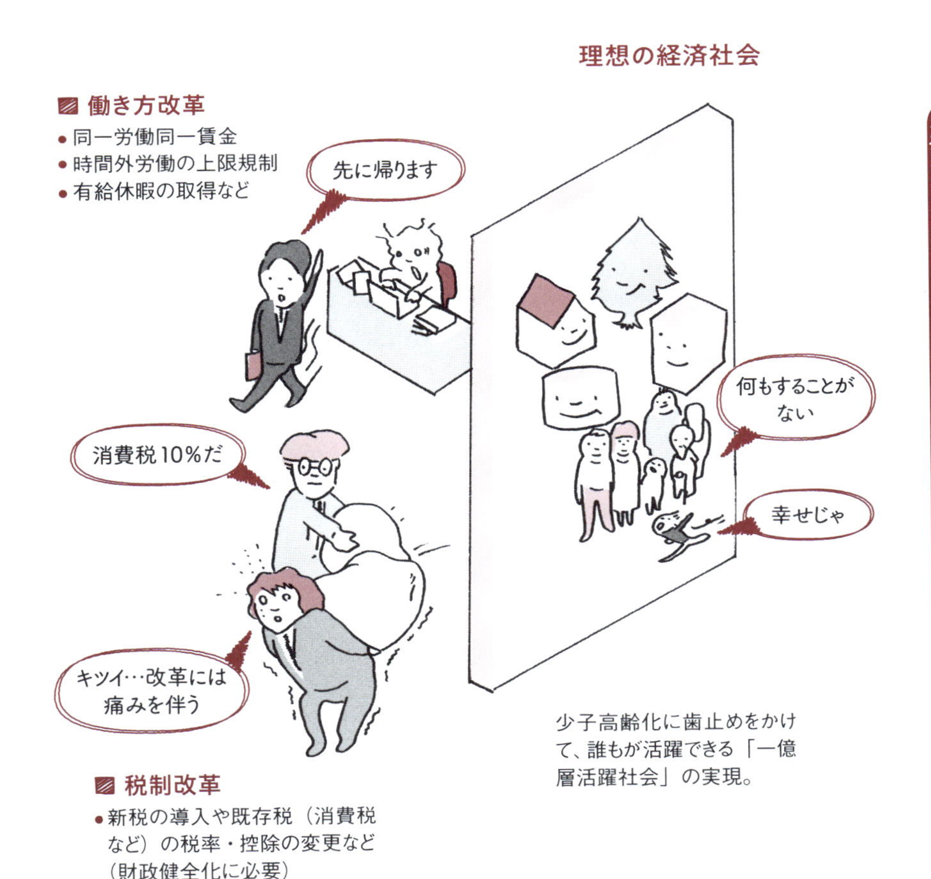

理想の経済社会

少子高齢化に歯止めをかけて、誰もが活躍できる「一億層活躍社会」の実現。

PART 3

資産運用 用語集

Chapter05 ～ 06 では、バブルと経済について解説してきました。その中に出てきた重要な単語をおさらいしましょう。

KEY WORD

バブル

バブルとは、理屈で説明できないほど資産の価格が大きく上昇する経済環境を言う。限定的な経済理論では、バブルは例外的な事象＝アノマリーと扱われてきた。10 年に 1 回程度の割合で世界的なバブルが発生している。

KEY WORD

ITバブル

IT バブルとは、1990 年代中ごろから 2000 年代初旬にかけて米国で発生した IT 企業の株価が大幅に上昇した経済環境のこと。当時、IT 企業の高成長への過度な期待から " ～ドットコム " と名の付く銘柄が急騰したことが話題になった。

KEY WORD

失われた30年

失われた 30 年とは、1990 年代初頭の資産バブル崩壊後、日本経済の長期停滞を指す呼称。かつては、失われた 20 年などと呼ばれた。その後、日本経済の低成長が続き、失われた 30 年などと呼ばれるに至った。

☑KEY WORD

国民経済計算

国民経済計算とは、その国の経済を構成する、個人の消費や政府の支出、投資、純輸出（輸出から輸入を控除）を把握し、経済の成長率などを評価する経済統計。国際連合は国民経済計算（SNA）の基準が決められ、各国はそれにもとづいてGDP（国内総生産）などを計算する。

☑KEY WORD

デフォルト（債務の不履行）

デフォルト（債務の不履行）とは、債務者が債権者に対して、契約の通りに利払い、および元本の返済が行えなくなることを言う。具体的には、元利金の支払いの遅延、不履行があった際、その債券はデフォルトしたと見なされる。企業、国ごとにデフォルトのリスクは異なる。

☑KEY WORD

現代貨幣理論（MMT：Modern Monetary Theory）

現代貨幣理論とは、自国通貨建ての国債を発行できる国はデフォルトに陥ることはなく、政府は財政の悪化をあまり気にせずに国債を発行して財源を確保し、望ましい経済環境を目指すことができるという考え。MMTでは政府がインフレをコントロールできると考える。

☑KEY WORD

マクロ経済

マクロ経済とは、国レベルでの経済の状況（成長率、物価上昇率、失業率など）を分析する経済学の一分野を言う。ミクロ経済学では一つ一つの家計や個別企業の行動を分析の対象とする。

☑KEY WORD

高値づかみ

高値づかみとは、株式などの資産の価格が上昇している場合に株を買い、結果的に相場のピークに近い水準で購入してしまうことを言う。高値づかみをしてしまうと、その後の相場急落によって大きな価値の下落（評価損）に直面することがある。

column No.6

投資教育に欠かせないマクロ経済への理解

1990 年代後半頃から、わが国は“貯蓄から投資”というスローガンのもと、個人が預貯金に加え、株式などへの投資を行うことを啓蒙しようとしてきました。それに合わせて個人向けの投資教育が重要との考えも増え、株式や投資信託などに関するレクチャーなどが活発に行われています。それは、個人が、金融と経済に関心を持ち、資産の運用を行うためには大切なことです。

それに加え、個人が基本的な経済の見方に関する理解を身に着けることができれば、資産の運用はより身近に、より有意義なものになるはずです。

基本的に、日本経済は国内の自立的な要因よりも、海外の要因に依存して持ち直してきました。中国向けの工作機械の輸出や、外国からの観光客の増加は、そのよい例です。わが国の中で、世界中が注目するヒット商品が生み出され、その需要を取り込んで日本経済が成長しているとは言いづらいと思います。

言い換えれば、日本経済は、海外経済の変調に対して敏感であり、脆弱(ぜいじゃく)な部分があります。たとえば、2018 年後半以降、中国経済の減速を受けて、わが国の工作機械メーカーなどの収益が大きく落ち込みました。それが、日本株全体の価格を下落させました。

ざっくりと世界と自分が住む国の経済の全体像がつかめていれば、世界経済の中で自国がどうなるかをイメージしやすくなります。それが、リスクをコントロールし、高値づかみを抑えるためには欠かせない発想だと思います。その上で、身の回りの経済環境がどのように変化しているかを考えるとよいでしょう。個人が資産の運用を考える上で GDP を構成する個人消費、政府の支出、投資、純輸出に注目し、経済全体の変化を考えることは抜きにできないのです。

実践！人生100年時代の投資術

投資を学ぶには“実践”が欠かせません。
この章では具体例を通して、
さまざまな投資の種類と特徴について学んでいきましょう。

KEY WORD → ☑ インデックスファンド、マーケット・ポートフォリオ

01 株式投資の必要性

株式は一般人が手を出すにはリスクが高いというイメージがあります。果たしてそれは本当なのでしょうか？

人生100年時代、個人の資産を運用するためには株式のリスクをとることを抜きにはできません。高値づかみさえ避ければ、株式は、一般的に多くの人が思っているほどリスクが高いアセットクラスではないと思います。多くの人は、株式に投資すると言われると、トヨタや三菱電機など、特定の企業の株を買うことをイメージするでしょう。しかし、個別の銘柄に投資することだけが株式投資ではありません。市場全体を買う＝**インデックスファンド**を行うことで、リスクを分散させつつ、株式に投資できます。これを使わない手はありません。

インデックスファンドを買ってリスクを分散

リスクを分散するためには、投資の対象を増やすことが必要です。一銘柄よりも二銘柄と、どんどん、ポートフォリオに組み入れる銘柄を増やします。結果的に、そのポートフォリオは株式市場全体を買うことになります。これを“**マーケット・ポートフォリオ**”と言います。株式市場全体の値動きや、価格の変化率などを表す指標（尺度）をインデックスと言います。東証株価指数＝TOPIXは、東京証券取引所一部に上場するすべての銘柄の平均的な値動きなどを示すインデックスです。東証一部をコピーしたポートフォリオ（マーケット・ポートフォリオ）を持つには、TOPIXに連動する“インデックスファンド”を買えばよいのです。インデックスファンドへの投資は、分散をきかせるために有効です。

マーケット・ポートフォリオとは？

株式市場など、市場全体をコピーしたポートフォリオのこと。該当する市場全体の時価総額に占めるウェイト（構成比）に合わせて個々の銘柄を購入することによってマーケット・ポートフォリオを作ることができる。

上場投信（ETF）という強力な投資ツール

リスクをかけずに投資できるインデックスファンド。近年では、かなり便利な金融商品が取引されているようです。

インデックスファンドの強みは、コストがかからないことです。なぜなら、市場全体を買ってしまうという発想は、経験のない人でも簡単にできてしまうからです。その上、近年では株式、債券、コモディティーなどさまざまなアセットクラスのインデックスに連動する**上場投資信託**（**ETF**：Exchange Traded Fund）が取引されています。これは、個人が資産の運用を行うための、非常に強力なツールです。国内の資産だけでなく、海外の資産を対象としたETFも取引されており、コストをかけることなく、一人で世界の市場に分散投資が行えるようになっているのです。

ETFで簡単にインデックス投資が行える

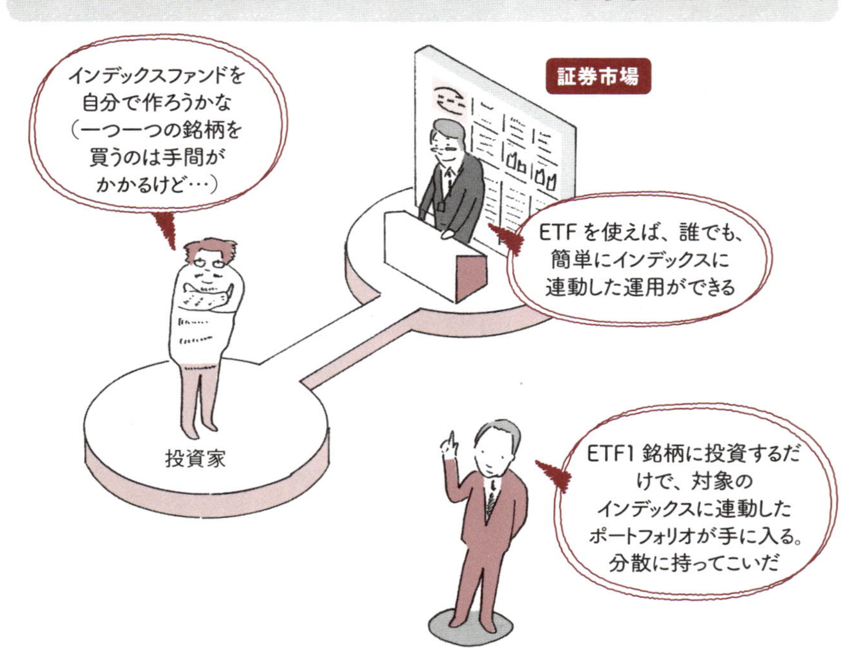

ETF は金融における大きなイノベーションです。ETF が登場したことにより、インデックスファンドを管理するファンドマネージャーの必要性が低下しています。ただ単に、TOPIX などのインデックスに連動するだけでなく、TOPIX とは逆の動きをする ETF（TOPIX が下落すると､価格が上昇する）もあります。TOPIX の 2 倍、あるいは 3 倍の値動きをする ETF も取引されています。こうした ETF に投資を行う必要があるか否かは冷静に考えなければなりませんが、個人が資産を運用する際、コストを抑えつつ分散投資を行うための選択肢として ETF は積極的に活用したほうがよいでしょう。

ETFによって増える選択肢

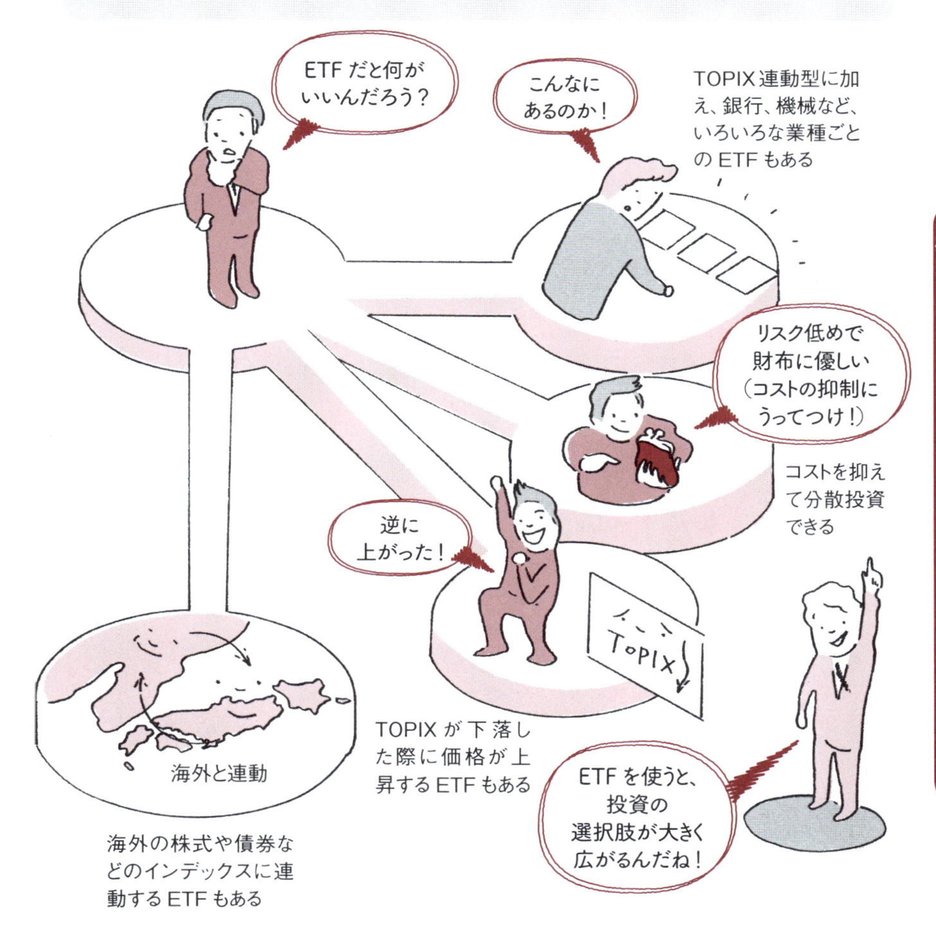

金額とタイミングを分散しつつ、安値を狙う

投資をうまくやるにはただがむしゃらに買うだけではダメです。それでは一体どうすればいいのでしょうか。

投資には、**規律が大切**です。特に、投資の対象を分けることに加え、投資の金額とタイミングを分けるには、自らの意思を決めなければなりません。お金は命に次いで大切です。損失を徹底的に避けるためには、投資のためのお金を特定の資産に一度に投入することはやめるべきです。筆者は、金融市場でのトレーディングなどを行う中で、いくつかのルールを守ってきました。まず、価格が下がったときに買うことが大切です。その上で、初回の購入から10%下がれば追加の購入を行います。タイミングと資金を分けて、下げた場面で株などを買えば、高値を追いかけることはありません。

金額とタイミングを分散するってどういうこと？

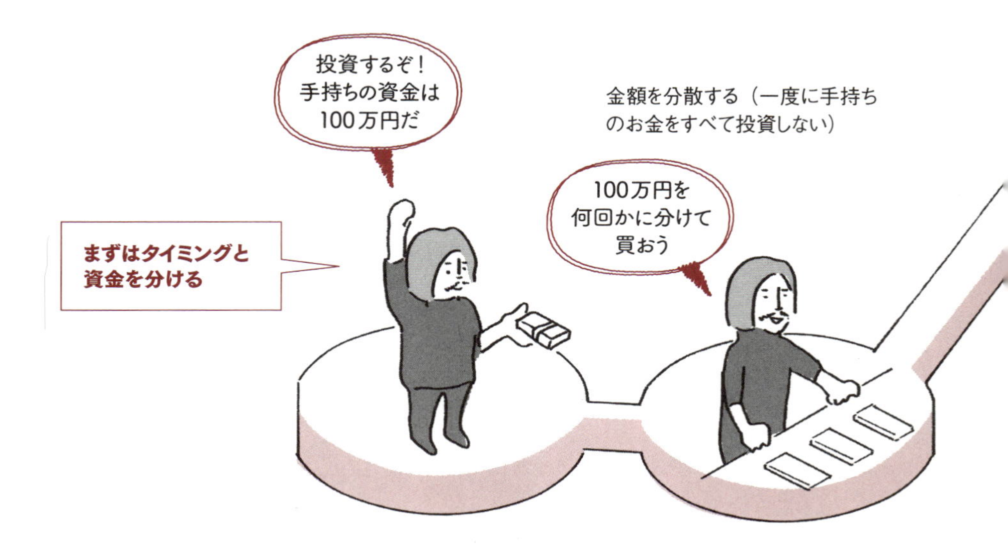

投資するぞ！
手持ちの資金は
100万円だ
金額を分散する（一度に手持ちのお金をすべて投資しない）
100万円を
何回かに分けて
買おう
まずはタイミングと
資金を分ける

なぜ、一気に一度のお金を投じないか。その理由は、どれだけ優秀なプロのトレーダーでも、相場の底と天井をピンポイントで当てることはできないからです。個人の投資家がお金を守りながら増やすためには、とにかく安く株などを買うことにこだわりましょう。金額とタイミングを分けて投資する中で「少し買うのが早すぎた」と思うのであれば、次の購入のタイミングを遅らせる、あるいは当初のルールの通り10%下落したときに買いはするがその金額を少なくする、ということもできます。これが、高値を避け、安値での購入にこだわるということです。

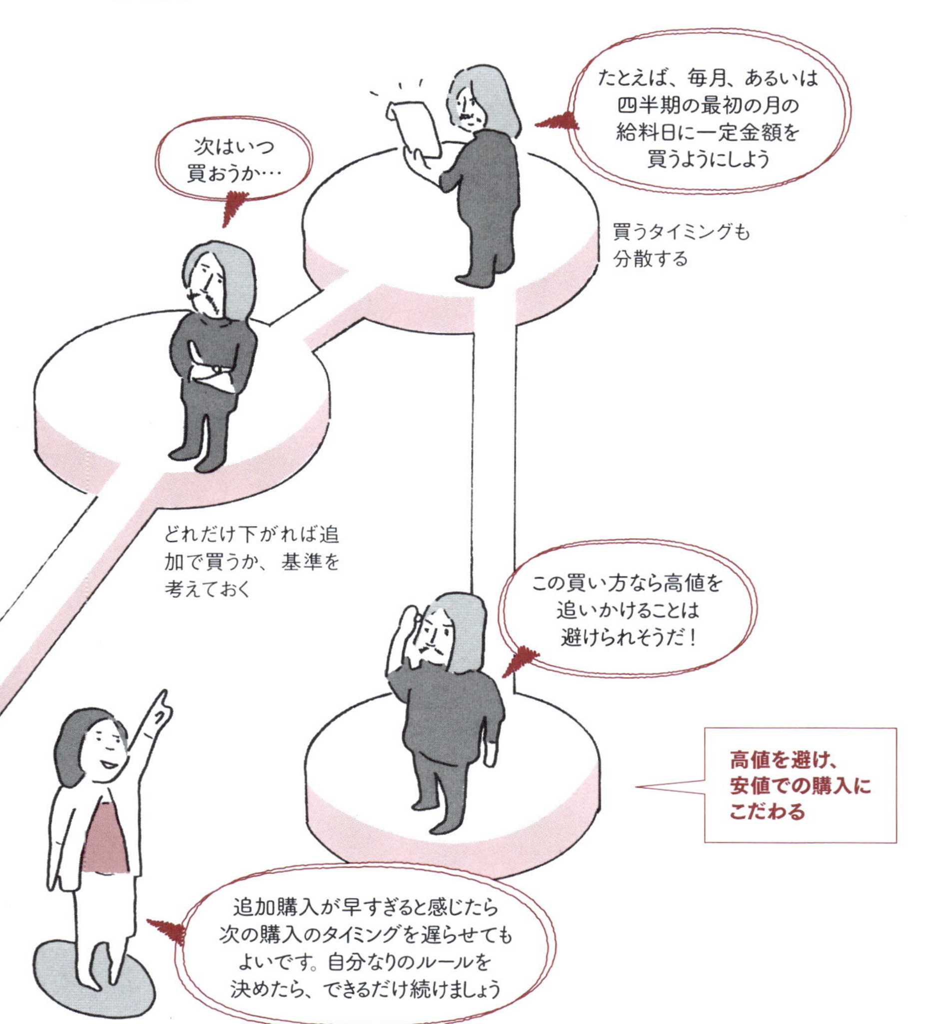

07
実践！人生100年時代の投資術

流動性―どれだけコストをかけずに現金化できるか

流動性は資産を運用する上で無視できません。なじみのない言葉かもしれませんがしっかり理解しましょう。

取引にかかる“コスト”にもこだわりましょう。市場には、毎日、多くの取引が成立している金融商品もあれば、取引が少なく、買おうとしても手に入らない、あるいは売却することが難しい資産もあります。売却する際にコストがかかるなどして取引が容易ではないことを、**流動性が低い**と言います。たとえば、大型株に比べ、小型株（中小企業の株）などは相対的に取引の件数が多くありません。そのため、売りたいときに買い手が見つからないこともあります。流動性の低い資産を保有してしまうと、価格が思ったように動かない、売ったときに大幅に価格が引き下げられてしまう恐れがあるだけでなく、売ることができなくなってしまうこともあります。

流動性の低い資産のリスク

流動性が高い資産

お金がすぐ必要なのに、流動性の低い資産はなかなか売れない！

大型株
国債

流動性の低い資産は最悪の場合、思ったタイミングで取引ができない恐れがあります

流動性が低い資産

流動性の高い資産は、相対的に低いコストで現金化できます（取引の手数料が安い）

事業債
不動産
小型株
未上場株

特に、新興国の現地通貨建て資産には注意が必要です。多くの投資家がリスクテイクに積極的な場合、新興国通貨の取引にあまり問題はありません。しかし、いったんリスク回避から売りが殺到すると、こつ然と、取引が消えてしまうことがあります。「そんなまさか」と思われるでしょうが、新興国の通貨などは、突然、取引が行えなくなることが本当にあります。ブラックアウトと言うべき状態が起きる可能性は排除できません。流動性が干上がり取引ができなくなる状況に陥らないようにするには、日々、一定の取引が成立しているか否かをよく確認しましょう。もし新興国リスクをとろうとするのであれば、流動性のリスクは忘れてはなりません。また、未上場の株式や海外の不動産などへの投資には、かなりの注意が必要です。

取引が消えるリスク

05 個別企業への投資には ビジネスモデルの理解が不可欠

その企業はどんなビジネスモデルを採用しているのか。それは投資をするにあたって見逃せない要素です。

ETFなどを用いた株式インデックスへの投資に加え、個別の企業の株もポートフォリオに組み入れたいという人も多くいます。その際には、その企業の"**ビジネスモデル**"をしっかりと理解してください。ビジネスモデルとは、企業が事業を行うための具体的な方法のことです。企業がビジネスにおいて、"どこで、誰に、何を"提供するかを考えることが、ビジネスモデルを理解することにつながります。さらに、経済の環境が変化すると、ビジネスモデルは変化します。それにより、企業の顧客、稼ぎ頭の商品も変化します。そうした変化を客観的に把握することが、個々の企業に投資するリスクに対応するために必要です。

ビジネスモデルの4つの基本要素

ビジネスモデルを理解するためには、その基本要素を知ることが大切です。

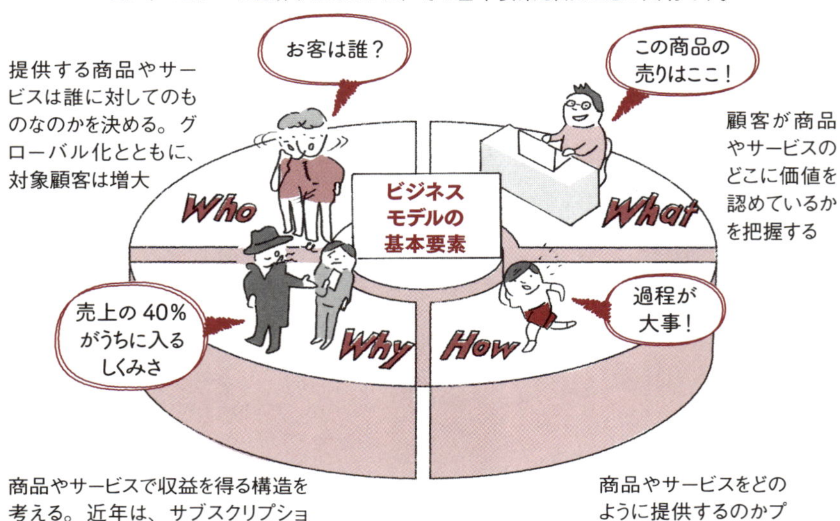
お客は誰？
この商品の売りはここ！
提供する商品やサービスは誰に対してのものなのかを決める。グローバル化とともに、対象顧客は増大
顧客が商品やサービスのどこに価値を認めているかを把握する
Who
What
ビジネスモデルの基本要素
売上の40%がうちに入るしくみさ
過程が大事！
Why
How
商品やサービスで収益を得る構造を考える。近年は、サブスクリプションなどの新しい考え方も増えている
商品やサービスをどのように提供するのかプロセスを考える

ビジネスモデルは常に変化しています。iPhoneのヒットで起死回生の業績回復を遂げた米アップルは、iPhoneを自社で組み立ててはいません。組み立ては、台湾の鴻海（ホンハイ）精密工業の子会社であるフォックスコンの中国の工場で行われています。かつてウォークマンやハンディカムを生み出したわが国のエレクトロニクスメーカーのソニーは、スマートフォン向けの画像処理センサー（CMOSイメージセンサー）の販売を通して収益を獲得してきました。さらに、ソニーは、ハードからソフトウェア創出力を高めてさらなる成長を追求しているように見えます。そのほかの企業でも、IT先端技術を用いて**事業ポートフォリオ**の組み換えが進んでいます。

アップルのビジネスモデル

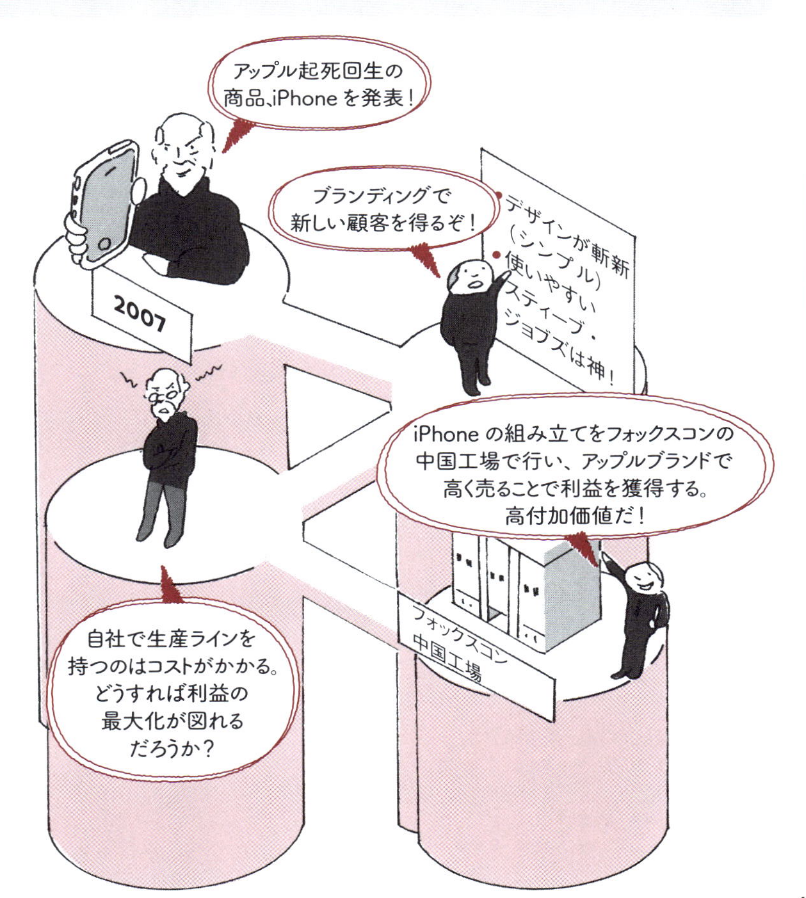

06 不動産の購入と投資を考える

株式よりコストのかかる投資だと思われている不動産。実際のところはどうなのでしょうか。

個人の資産形成において、住む場所としての不動産の購入は人生に大きな影響を与えます。まず、不動産の取得には数千万円単位の大きなお金が必要です。そのため、地価やマンションの販売価格が低いときに購入したいという人は少なくありません。購入の費用を抑えるには、まさに、バブル崩壊後の相場が低迷する状況を狙うとよいでしょう。もう一つ、不動産の購入には、個人のライフサイクルや価値観も大きく影響します。価格だけが購入の決定要因ではありません。子どもが大きくなるにつれて、より広い生活スペースが欲しくなることもあるでしょう。老後に住んでいる家を担保にして生活の資金を借り入れる“**リバースモーゲージ**”を活用する必要が出てくるかもしれません。

ライフスタイルによって変わる価値観

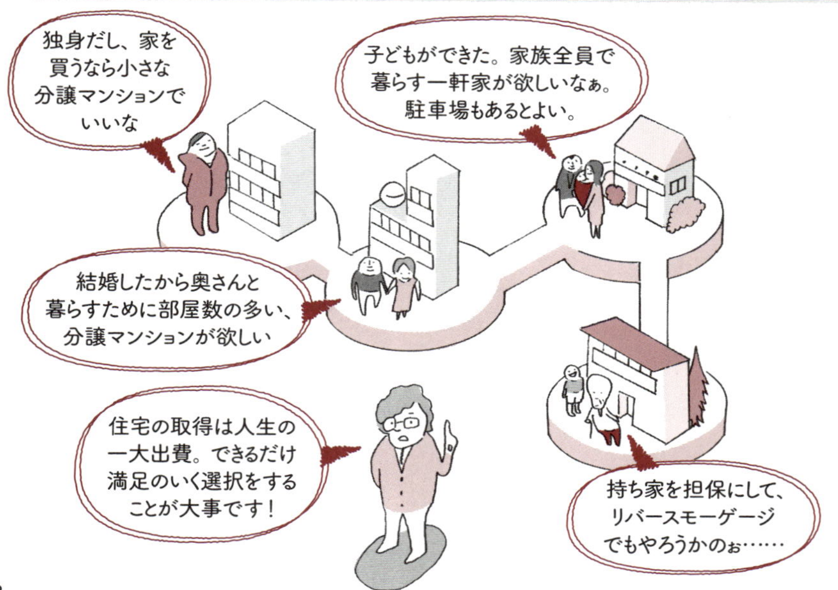

資産の運用のために不動産の購入（投資）を検討する人も多くいます。問題は、不動産への投資にはさまざまな手間やコストがかかることです。取引所に上場する金融商品は、日々、多くの取引が行われています。しかし、土地や不動産は、その物件を扱う不動産業者の営業力、その場所の人気などに大きく影響されます。株式などに比べ、取引のコストがかかることは冷静に考える必要があります。ましてや、ローンを組んで不動産に投資をするリスクは非常に高いと思います。不動産に投資したい場合は、**不動産投資信託**（REIT）がよいでしょう。REITは取引所に上場した金融商品であり、取引が容易です。また、分配金・譲渡益にかかる税金は約20%です。

不動産投資信託（REIT）のしくみ

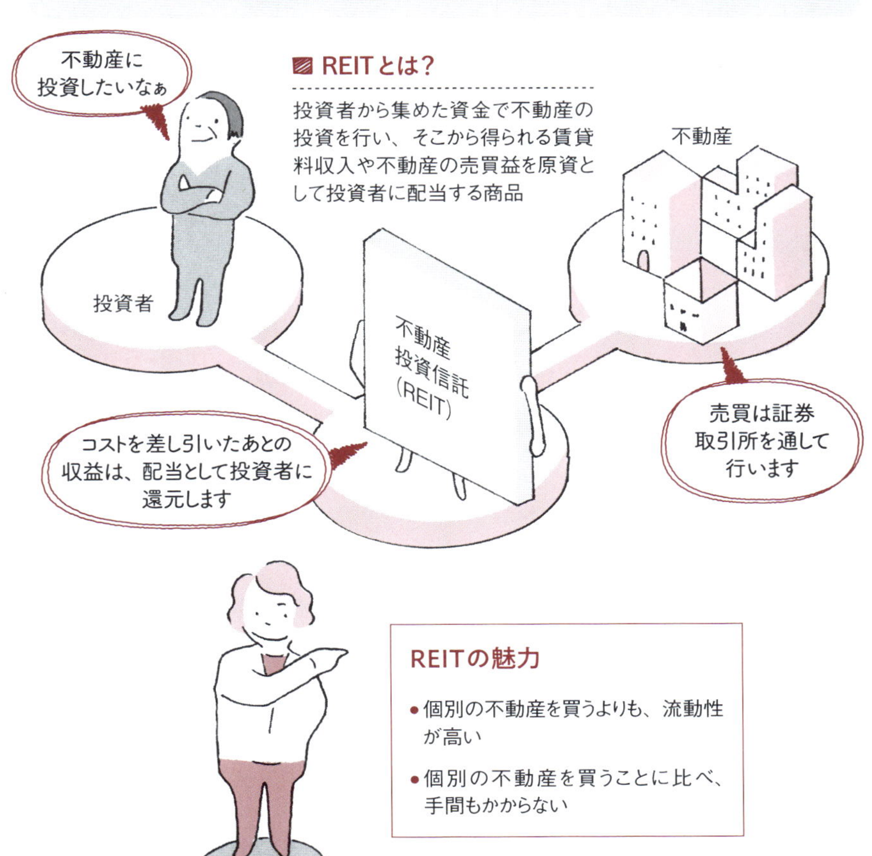

REITの魅力

- 個別の不動産を買うよりも、流動性が高い
- 個別の不動産を買うことに比べ、手間もかからない

07 外貨建ての金融資産・商品への投資は慎重に

最近では、個人の投資家向けに外国の通貨建ての金融商品の営業が積極化されてきました。

外国の通貨建ての金融商品との付き合い方を見ていると、わが国の個人投資家は外国為替レートのリスクをしっかりと理解する必要があると思います。すでに、外国為替レートのリスクは、株式よりも高い可能性があることをお話ししました。リスクが高い分、海外の債券には上乗せ（**リスクプレミアム**）が付いています。海外の債券の見た目の金利（表面利回り）が高いのはこのためです。多くのケースで、外国の債券からは、高い金利収入が得られるという説明を見かけますが、これは、為替レートの変動を考慮していません。5%の金利収入があったとしても、為替レートが5%円高に動けば、為替リスクが金利収入を相殺してしまいます。くどいようですが、為替のリスクを甘く見てはなりません。

リスクプレミアムって何？

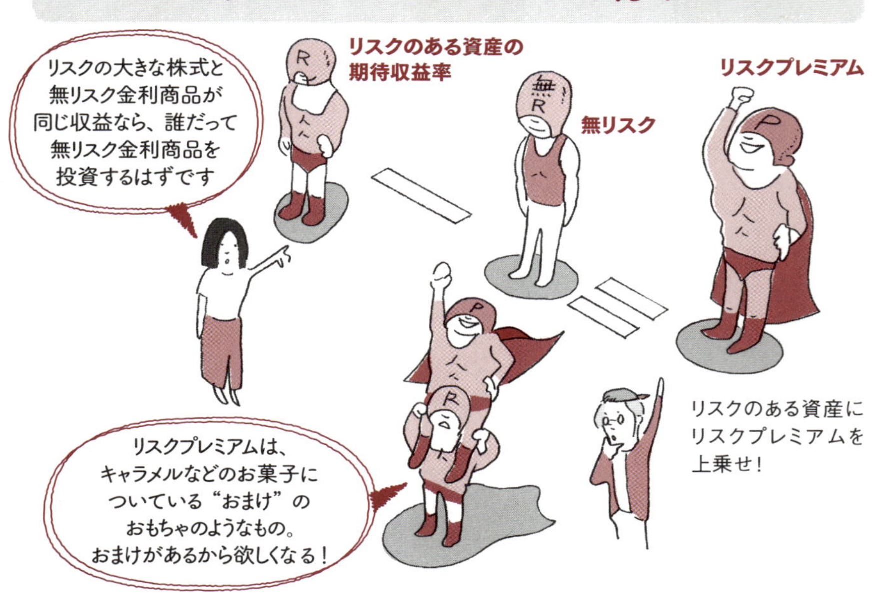

リスクの大きな株式と無リスク金利商品が同じ収益なら、誰だって無リスク金利商品を投資するはずです
リスクのある資産の期待収益率
無リスク
リスクプレミアム
リスクのある資産にリスクプレミアムを上乗せ！
リスクプレミアムは、キャラメルなどのお菓子についている“おまけ”のおもちゃのようなもの。おまけがあるから欲しくなる！

よい例が、外貨建て金融商品をめぐる金融機関と個人顧客のトラブルです。説明資料において、金融機関は、外貨ベースでの利回りを約束してきました。一方、個人の顧客の多くは、外国為替の変動によって外貨で得られた利得が、円高によって目減りし、元本割れの可能性があることを理解できていなかったようです。その結果、リスクへの説明に関して「言った」、「聞いていない」というトラブルにつながりました。突き詰めて言えば、元本保証で相応の利得を手に入れるという“うまい話”はあり得ないのです。外貨建て金融商品を購入して預貯金の代わりにすると考えるのであれば、そのリスクを冷静に確認してからにすべきでしょう。

外貨建て金融商品に気をつけろ！

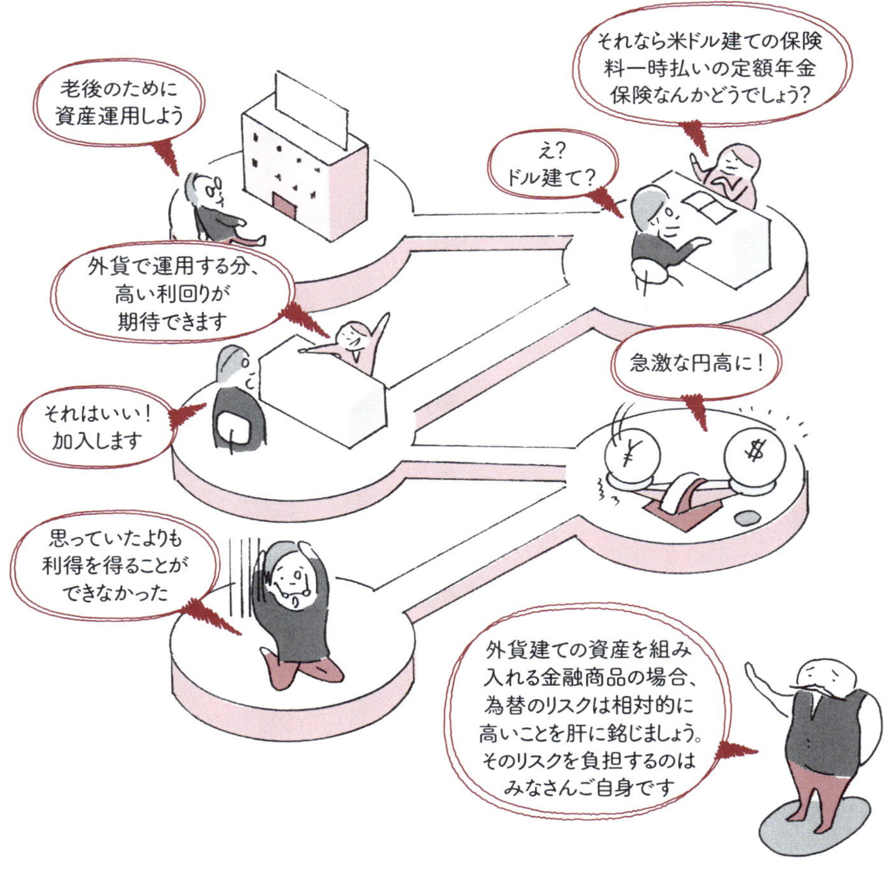

相続の問題①

08 将来の世代には価値のある資産を残したい

人生の中で資産を運用していくにあたって、相続は切っても切れない問題です。

人生100年時代の資産運用は、守り、増やすことに加えて、誰に、何を残すかも考えなければなりません。最も重要なことは、取引のコストが相対的に低い資産を残すことがよいのではないでしょうか。なぜなら、相続が発生すると、税金をはじめ、さまざまな負担が発生するからです。実は、相続税に関しては、**基礎控除**や**特例措置**があり、税金負担を抑えるしくみがあります。相続には、基礎控除という考え方があります。3000万円 ＋ 600万円 × 法定相続人の数の計算によって求められた金額までであれば、相続税はかかりません。その他、小規模宅地等の特例を用いることで自宅の土地にかかる相続税が軽減できるしくみもあります。

相続税には基礎控除がある

故人の保有していた財産のうち、一定金額までは相続税がかかりません。
これが、基礎控除です。

3,000万円＋（600万円×法定相続人の数）

俺のが上！

遺産の総額

基礎控除

基礎控除額を超える場合、その超える部分に対して税の負担が生じます金額にもよりますが、相続において税金の負担は客観的に求めることができるため、大きな問題になることは少ないと思います。それよりも気をつけなければならないのは、相続をめぐって、被相続人などが骨肉の争いをはじめることが多いことです。芸能人や著名人が亡くなった親などの遺産をめぐって強烈に対立する話はワイドショーでおなじみです。それは、芸能界など、一部の人たちに限った話ではありません。働くことなくお金が手に入るのではないかという気持ちになると、人の気持ちは豹変します。相続が“争続”とならないよう、資産の残し方を考えることも、人生100年時代には欠かせません。

相続によって起こる骨肉の争い

相続の問題②

09 子どもに資産を残すべきか

資産を残すかどうかは重要な問題ですが、残したことによって起こる問題は未然に防ぐようにしましょう。

ある企業家の友人は、「自分が生み出した資産は、自分が生きている間に社会のためにすべて使う」と話していました。その理由を聞くと、「自分と妻が生活できるだけの必要なお金があればよい。それよりも、社会に対して、事業で成功できたことの恩返しをしたい。それが楽しみだ」と話していました。彼は、若い頃に相続の問題で親族からさまざまな嫌がらせを受けたことがあると話してくれました。その分、子や孫に相続とのかかわりを持たせたくはないとの考えは強いようです。相続に関しては人それぞれの価値観がありますが、子どもに資産を残さないというのも一つの考え方です。

子どもが相続で争わないようにするには？

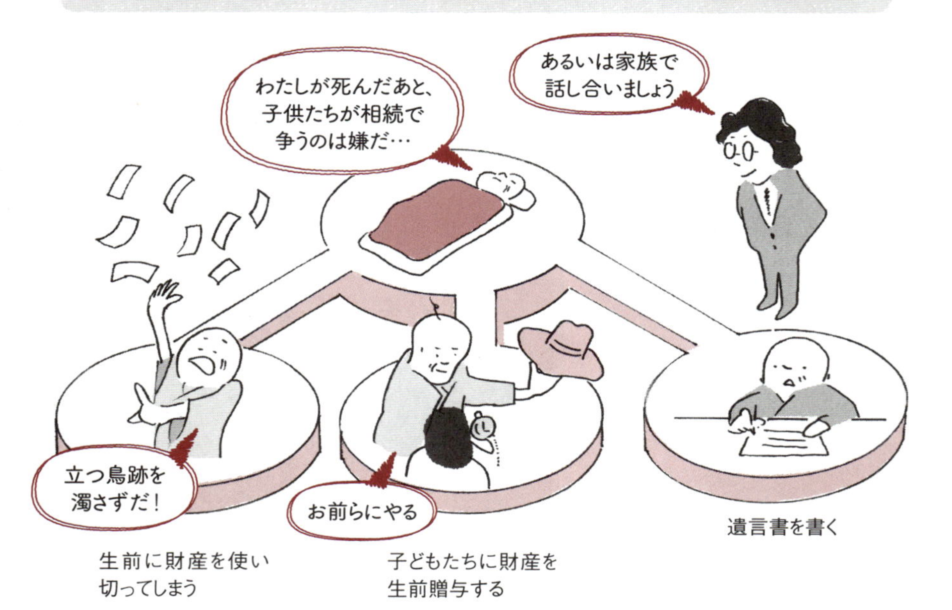

相続を考えるには、65 歳で定年退職をして 100 歳まで生きると仮定した場合、年間、いくらのお金が必要かを把握しなければなりません。この問題を考えると、子どもらにお金を残すことがそれほど容易ではないと思う人は増えると思います。仮に、夫婦二人でひと月 30 万円（年間 360 万円）のお金が必要だとします。100 歳まで生きるとすると、夫婦で 1 億 2600 万円(360 万円× 35 年)が必要です。総務省によると、夫が 65 歳以上、妻は 60 歳以上の夫婦のみ、無職世帯の場合、ひと月あたりの社会保障給付額は約 19 万円です。ひと月の生活に 30 万円が必要だとすると、自分でそれなりの資産を蓄えなければなりません。投資も、人生も、最終的には自己責任であることを考えると、まずは、**長生きリスクにそなえるため**に自分の資産を最大限に生かすことを考えるべきでしょう。

老後を生き抜くために

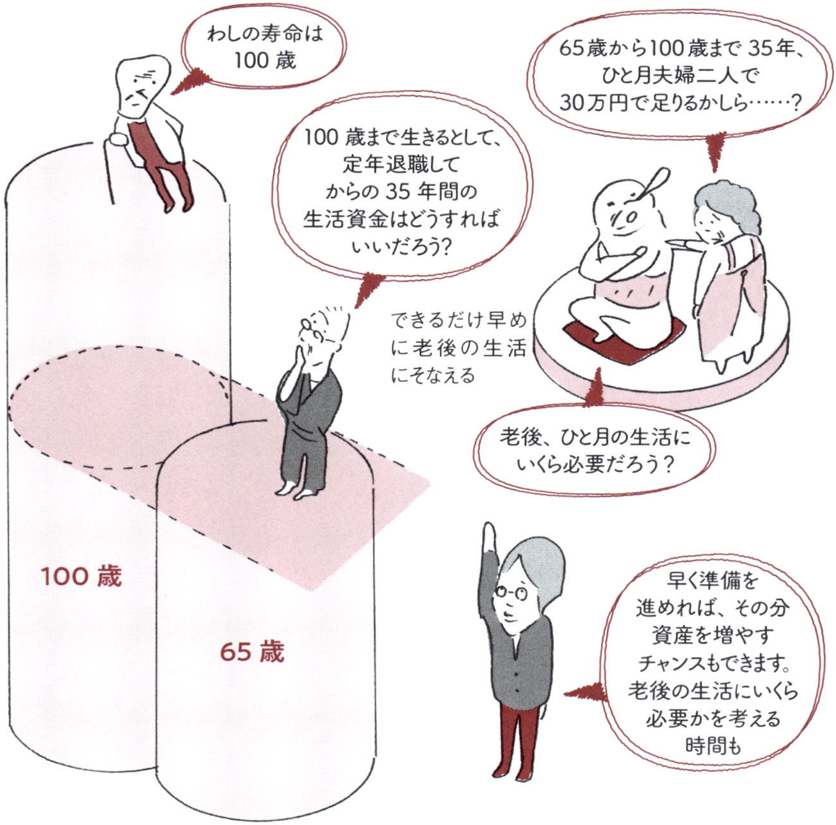

相続の問題③

ニーズ高まる遺言信託

公正証書遺言や、信託銀行などによる遺言信託というサービスがあります。

高齢化が進む中での相続の問題は軽視できません。また、アルツハイマー型の認知症にかかってしまうと、相続の問題は一段と複雑になる恐れがあります。たとえば、「こういうことをあなたの親から聞いている」というようなことを周囲の人が口にしはじめ、精神的なストレスが溜まってしまうことは少なくありません。長生きのリスクは、お金以外にもいろいろあるということです。それに対応するためには、お金を増やすことに加え、自分に万が一のことがあった際、残された人が困らなくてよいよう、**公正証書遺言**などを残すことの重要性が高まります。

公正証書遺言の作り方

遺言内容を整理し、証人を２人見つけ、必要な書類を揃える
公証役場で公証人と打ち合わせ。打ち合わせは出張や電話でも可能
公証役場
公正証書遺言の文案が公証人から届く
公証役場
文案が問題なければ、２人の証人とともに公証役場へ行く
できた！
公正証書遺言が完成。遺言書は公正証書として公証役場に保管される
公正証書遺言は自筆証書遺言と違い、家庭裁判所の検認を受けることなく、遺産相続を開始できます。作成者の意思で遺言の内容を変更したり、取り消すことも

近年、“**遺言信託**”というサービスも提供されています。これは、信託銀行などが、遺言書の作成、遺言書の保管、遺言の執行をする信託（信頼できる人や組織に資産の管理などを託すこと）サービスです。遺言信託のサービスを利用するには相応のコストがかかりますが、家族に話しづらい相続のことや遺言に関する一般的な疑問などを解消することは、安心して日々の暮らしを営むために意義あることです。なお、遺言信託を活用する場合、公正証書遺言の作成が必要です。

使える遺言信託

遺言信託は、信託銀行などが遺言執行者となり、下記のようなことを行ってくれます。

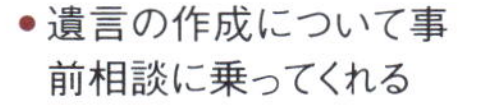

●遺言の作成について事前相談に乗ってくれる

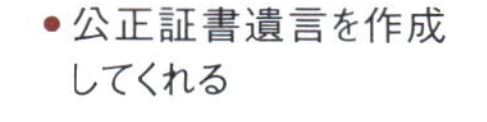

●公正証書遺言を作成してくれる

●公正証書遺言を保管してくれる

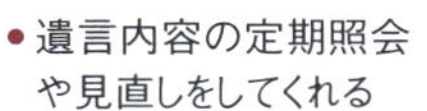

●遺言内容の定期照会や見直しをしてくれる

OK?

●相続開始の連絡をしてくれる

●遺言の執行をしてくれる

A氏が死亡したので相続を開始します

メリット

- 相続に関する専門的なアドバイスを受けることができる
- トラブルの防止（家族の精神的負担の軽減）
- ご自身（遺言者）の意思を確実に反映させた相続を実現できる

こんなにメリットがあるんだ！

相続の問題④

11 家族で資産運用について話そう

相続は難しい問題ですが、まずは話し合うしかありません。命がなくなり、話せなくなってからでは遅いのです。

相続には非常にセンシティブな部分があります。「この子にはこれだけ残してあげたい」という思いがある一方で、「そんなことを家族に言ったら、嫌われる」と思ってしまうことは多いでしょう。自分にこれだけの財産があることを身内に打ち明けるには、それなりの勇気がいります。相続に正解はありません。最も重要なことは、家族がいつまでも仲良く過ごすことです。不幸を追い払うために資産を運用したにもかかわらず、相続をきっかけに家族に不和が生じることは避けなければなりません。相続でもめたことのある友人は、「**お金で幸せなんて買えない**」と言っていました。

相続の話は生きているうちに

死んだあと、家族に負担をかけないため、相続の話は生きているうちにしておきましょう。

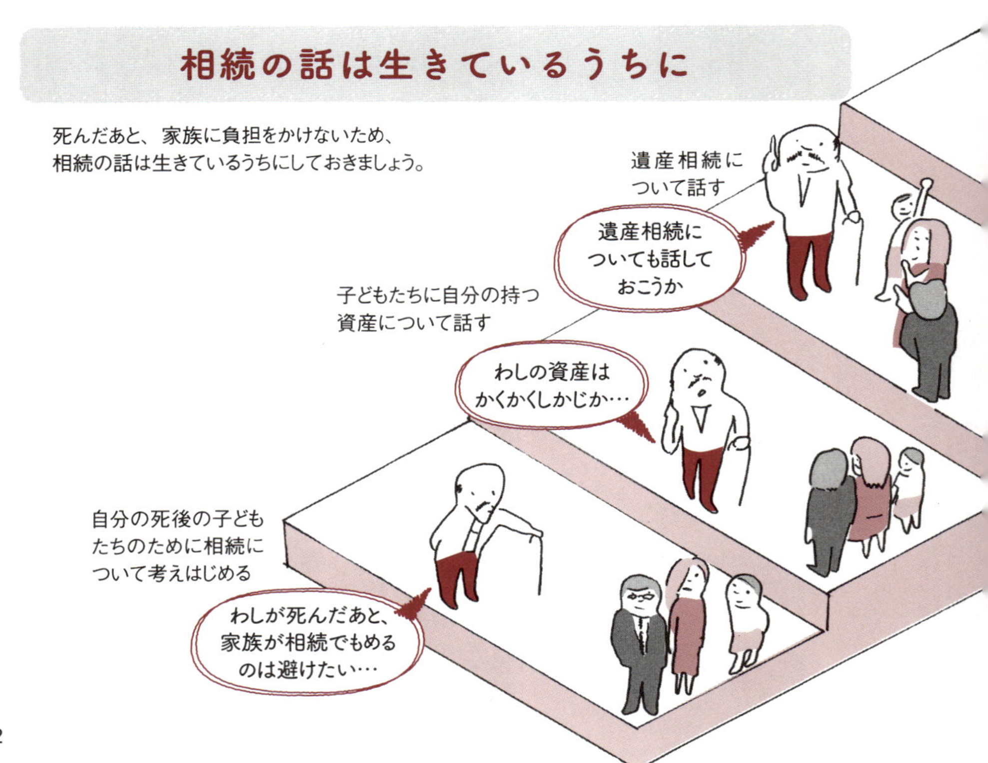

遺産相続について話す
遺産相続についても話しておこうか
子どもたちに自分の持つ資産について話す
わしの資産はかくかくしかじか…
自分の死後の子どもたちのために相続について考えはじめる
わしが死んだあと、家族が相続でもめるのは避けたい…

そのためには、資産を持つ人が、自分の資産をどのようにするか、家族と話しておくことが必要です。認知症や、要介護の状態になる可能性があることも考えると、万が一のときにどのように相続を進めてほしいか、家族で相談しておくことはとても大切です。同時に、子や孫の世代にとって、相続を親と話すのは、老後にどれだけのお金が必要か、相続をどのように進めるべきかを考える大切な機会にもなります。もし、親が高齢になり、相続のことを一度も口にしていないのであれば、勇気を出して**「相続のことを話したい」と切り出すことも必要**だと思います。何も準備を行わずに相続が発生すると、家族に大きな負担がかかる恐れがあることは、しっかりと認識しておいたほうがよいと思います。

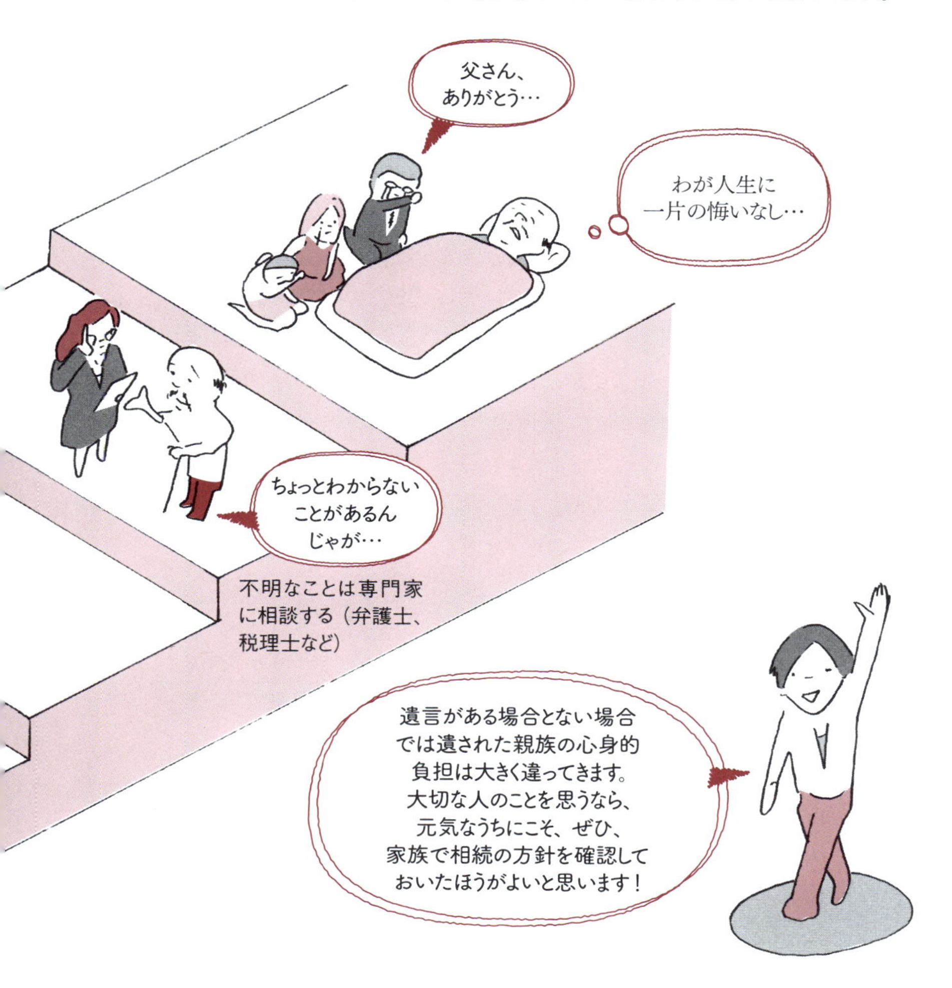

column No.7

投資は自己責任

わが国の個人の資産形成に関する議論を見ていると、いつも思うことがあります。投資の責任は、自分自身にあるということが徹底されていないように思うのです。外貨建て金融商品をめぐる個人と金融機関のトラブルなどを見ていると、リスク＝不確実性の概念であること、外国の為替のリスクが高いことなど、基本的な事項への理解が十分に浸透していないと言わざるを得ません。

お金は、命の次に大切なものです。それを守るには、“投資は自己責任”であることをしっかりと認識しなければなりません。貯蓄から投資へという考えが重視されはじめてかなりの時間がたちますが、わが国の投資教育においては、この基本的な認識がおろそかにされているように思います。これは、やや不安です。これまでわが国は、個人の意思を尊重しつつ、資産の運用を行いやすい環境を整備しようとしてきました。NISA（少額投資非課税制度）など、個人の資産形成をサポートする制度ができたことはとても大切です。

それを生かすには、自分の責任でリスクをとり、利得を追求しなければなりません。まずは、実践が必要です。自分で考え、自分で判断を行い、株式や債券を買ってみましょう。その上で、時間をかけて運用を見守り、想定通りに運用が行えたか否かを確認し、見落としていた点を分析することが大切です。

投資は自己責任であるという考えが十分に社会に浸透していない状況は、“画竜点睛(がりょうてんせい)を欠く”と言ってもよいと思います。金融機関のセールストークなどに乗せられたと思ったとしても、最終的な意思決定を行ったのは、その人自身です。言い換えれば、自己責任で投資を行うからこそ、真剣に考えるのです。それが人生を楽しく、豊かにするための発想だと思います。

投資で豊かな人生を送る

繰り返しになりますが、
投資はギャンブルではありません。
変化を恐れず、学び続けることができれば、
投資は人生に潤いをもたらしてくれるのです。

変化を楽しもう

投資をうまく行うにはどうしたらいいのでしょうか。その秘訣を一から学んでいきましょう。

投資の秘訣は、経済の変化にうまく対応し、チャンスを見出すことです。昔、銀行でディーリングをはじめたとき、ある先輩が「同僚や他行のライバルが、先行きが不安で仕方ないと言い出したときこそがチャンスだ。まずは、変化を楽しめるようになろう」と教えてくれたことがあります。相場は、わたしたちの“こころ”が形成しています。買うから上がる、上がるから買うという強気心理の連鎖がバブルを生み出すように、**群集心理**は資産の価格に無視できない影響を与えます。重要なことは、その群集心理を生み出した変化を冷静に考えることです。変化を楽しむ、投資の秘訣はこの姿勢につきると思います。

投資をうまくやる秘訣は？

バブルのときのように誰もが買えば上がると思っていると、資産の価格は青天井に上がり出す。

絶対儲かるぞ

買えば上がる、上がるから買う

変化を冷静に見極めないと

投資の秘訣は、変化を冷静に考え、かつ楽しむこと。

変化が多くて、先行きが不安だ…

この変化を楽しもう！

変化をポジティブにとらえて、楽しむことが大切。

大切なことは、特定の考えに固執しすぎないことです。長く成長を続けてきた企業を見ていると、経営者が変化にうまく対応し、ビジネスモデルを再構築してきたことがわかります。自然界と同じように、経済に関しても、強いものが生き残るのではありません。環境の変化に適応できたものが、生き残ります。変化は怖いと思ってしまうと、新しい発想や取り組みを進めることが難しくなります。世の中、常に一定の、変化のない状況が続くことはあり得ません。常に、変化が起きています。新しいこと、世界の変化に関心を持ち、将来のことを自分なりにイメージしてみましょう。

環境の変化にうまく適応する

たとえば、富士フイルムは環境の変化にうまく適応し、生き残った企業の一つです。

02 企業の成長を支える“イノベーション”

組織の成長を考える上で、欠かせないイノベーションとは、一体どういったものなのでしょうか。

企業は**ゴーイング・コンサーン**（永続的な事業体）です。企業は、特定の期間を念頭に事業を行うのではなく、限りなく、持続的に、社会に付加価値を提供することが求められます。そのためには、“**イノベーション**”が欠かせません。イノベーションとは、オーストリアの著名経済学者、ヨーゼフ・シュンペーターが提唱した考えであり、経済の成長に欠かせない企業家の取り組みのことです。わかりやすく言えば、イノベーションとは、すでにあるモノや発想に、新しい発想などを“結合”し、従来にはない取り組みを進めることです。

イノベーションは非連続的に起きる

シュンペーターは、5つのイノベーションを提唱しました。(1) 新しい財貨（モノ）の生産（プロダクト・イノベーション）、(2) 新しい生産方法（プロセス・イノベーション）、(3) 新しい販路の開拓（マーケティング・イノベーション）(4) 原料あるいは半製品の新しい供給源の獲得（マテリアルおよびサプライチェーン・イノベーション）、(5) 新しい組織の実現（オーガニゼーショナル・イノベーション）。企業の成長の背景には、この5つのうちいずれかのイノベーションがあります。特に、プロダクト・イノベーションは、企業だけでなく、人々の生き方＝文化をも変革する力を持っています。

アップルのiPhoneのイノベーション

アップルは、iPhoneというプロダクト・イノベーションによって世界に大変革をもたらしました。

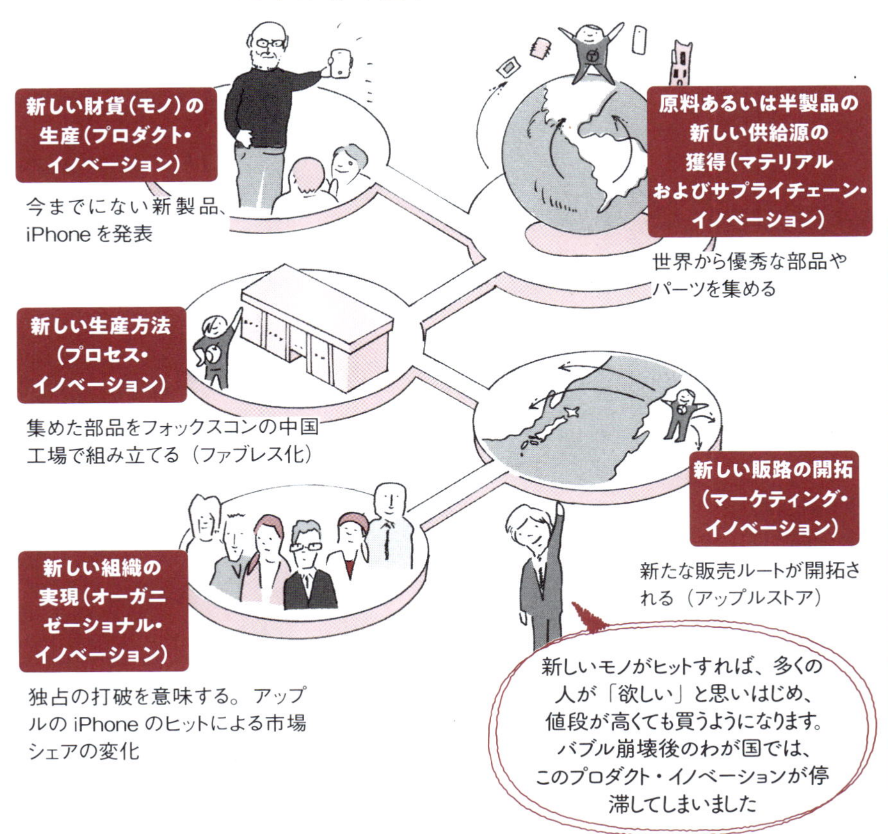

新しい財貨（モノ）の生産（プロダクト・イノベーション）
今までにない新製品、iPhoneを発表
原料あるいは半製品の新しい供給源の獲得（マテリアルおよびサプライチェーン・イノベーション）
世界から優秀な部品やパーツを集める
新しい生産方法（プロセス・イノベーション）
集めた部品をフォックスコンの中国工場で組み立てる（ファブレス化）
新しい販路の開拓（マーケティング・イノベーション）
新たな販売ルートが開拓される（アップルストア）
新しい組織の実現（オーガニゼーショナル・イノベーション）
独占の打破を意味する。アップルのiPhoneのヒットによる市場シェアの変化
新しいモノがヒットすれば、多くの人が「欲しい」と思いはじめ、値段が高くても買うようになります。バブル崩壊後のわが国では、このプロダクト・イノベーションが停滞してしまいました

03 投資に欠かせない学び

投資に限らず学ぶことは大切です。こと投資という分野においては、学びの姿勢も大事なようです。

投資には、常識にとらわれず、新しいことを吸収し続ける姿勢が必要です。企業の成長を理解するために、イノベーションの定義を理解しているか否かは、投資の判断に無視できない影響を与えます。また、金利が上昇すれば株価は下落します。金利の推移には、金融政策などが大きく影響します。こうした基本的なことを知っているのと知らないのとでは、変化への対応に大きな違いが出てきます。今日の世界経済では、さまざまな要因が企業の経営に影響を与えています。**ファンダメンタルズ**（失業率や企業の収益などの経済の基礎的な条件）だけでなく、政治、地政学、インターネットをはじめとする**ネットワークテクノロジー**などの変化が急速に進んでいます。

企業の経営に影響を与える要因とは？

企業の経営は、さまざまな要因に影響を受けています。

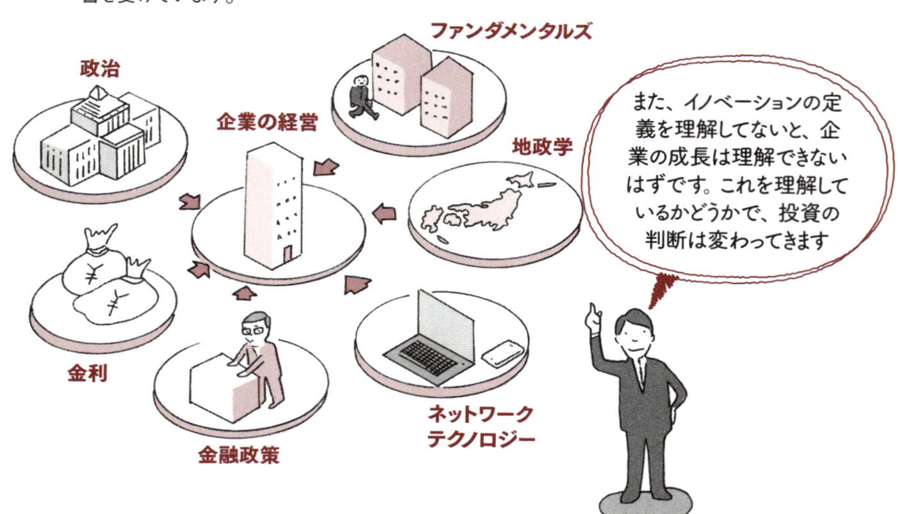
ファンダメンタルズ
政治
企業の経営
地政学
金利
金融政策
ネットワークテクノロジー
また、イノベーションの定義を理解してないと、企業の成長は理解できないはずです。これを理解しているかどうかで、投資の判断は変わってきます

環境が変化するということは、新しい発想・価値観が社会に広まるということです。従来、慣れ親しんでこなかった考えを理解するには、①全体像の把握（今どのような状況になっているか）、②変化の理由（なぜそうなったか）、③今後の展開予想（どうなるか）、の３つの視点から変化を考えるとよいでしょう。この３つの視点を通して世界の変化を考え、理解を深めることが、環境への適応を支えます。学ぶことは、変化を感じとる感覚を磨き、高めることにほかなりません。それは、いつも楽しく、充実した生活を送るためにもよいことだと思います。

世界の変化を考え理解を深める

Future
❶全体像の把握
現在どのような状況になっているのかを把握する。
❷変化の理由
なぜそうなったのか、理由を考える。
❸今後の展開予想
今後、どうなっていくのかを予想する。
あっちに移ると環境が変わるな
環境が変わったとき、３つの視点を通して世界の変化について考え、理解を深めることが、環境への適応を支えるのです

04 非連続かつ加速化する経済の変化

投資を行っていく中で経済はめまぐるしく変化します。どのように変化していくのでしょうか。

変化は、過去の延長線上に来るのではなく、非連続に起きます。なおかつ、**情報コミュニケーション（通信）技術（ICT）**の高度化（たとえば5G）とその実用化によって、変化のスピードは加速化しています。よい例が、電話です。筆者が若い頃、電話と言えば、自宅にある固定電話のことを指しました。電話を使うには、電柱を立て、電線を引くことなど、大規模なインフラ投資が欠かせませんでした。しかし、今日の通信テクノロジーの利用には、わが国が経験したような大規模なインフラ投資を行う必要性は低下しています。これが、常識が通用せず、非連続に変化が起きるということです。

テクノロジーの進化により変化は加速する

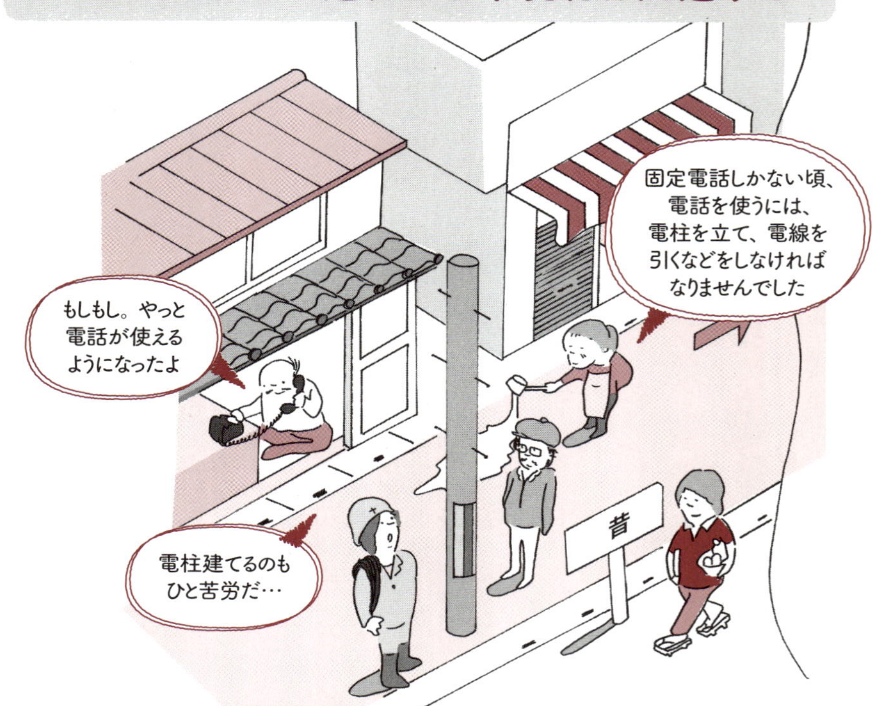

よい例が、アフリカ諸国における電話事情です。通信テクノロジーの高度化によって、アフリカ諸国では大規模な通信インフラを敷設するのではなく、通信基地（アンテナ）を設置することで携帯電話とスマートフォンの普及を実現してきました。それを活用し、ケニアではＭペサ（モバイルのＭ、スワヒリ語でお金を意味するペサ）と呼ばれる“**フィンテック**（ネットワークテクノロジーと金融理論を融合したビジネス）”が普及しています。インターネット技術の高度化などにより、世界経済の変化はさらにスピードアップしていくでしょう。

08
投資で豊かな人生を送る

05 未来の社会をイメージする

人生 100 年時代に入り、個人の資産運用はより長期的な思考をもって行う必要が出てきました。

個人が資産を運用するにあたっては、日次、月次、1年など短期の収益率に気をとられるべきではありません。人生 100 年時代の長生きリスクを考えると、20 年や 30 年といったかなり長い時間軸で資産を形成する必要があります。そのためには、**未来をイメージしていく**必要があります。子どもの頃、運転せずに自動車に乗れればよいのになあとよく思いました。世界では、大手自動車企業に加え、グーグルなどの IT 先端大手企業が人工知能など最先端のテクノロジーを駆使して自動運転技術の開発に取り組んでいます。まさに、夢で見た世界が現実になろうとしています。

自由な発想を大事に

社会に出て、組織に属して働いていると、だんだんと、その企業の価値観や行動様式（経営・組織の風土）が身に染み付きます。それは、組織の中でうまく立ち振る舞うためには重要です。しかし、そうした発想と、将来を柔軟に、自由な発想で思い描くこととは異なります。世の中の企業家の多くは、幼い頃の夢や、憧れを実現するために起業したケースが少なくありません。自分の資産を運用するのですから、自分の自由な発想を発揮して、その実現の可能性を考えてみることをお勧めします。それは、資産の運用を超え、ご自身の能力を発揮し、より大きな利得を得ることにつながるかもしれません。

06 あったらいいな、“一家に1台、ドラえもん”

子どもの頃、夢見たドラえもんの秘密道具は、テクノロジーの進化によって、実現に近づいているようです。

未来を自由に思い描くとはどういうことか、例を挙げましょう。みなさんは、漫画の“ドラえもん”が家にいたらいいと思いませんか。困ったらドラえもんが助けてくれます。どこでもドアを使って、寝坊をしても会社に遅れずにすみます。タイムマシンもあります。外国語ができなくても、ほんやくコンニャクを使うことで、世界の人々と自由にコミュニケーションを図ることができます。ドラえもんが一家に1台ある世界は、非常に魅力的です。実現の可能性はさておき、こうした漫画の世界を基にして未来を考えてみることは大切だと思います。

万能ロボットがいるような未来

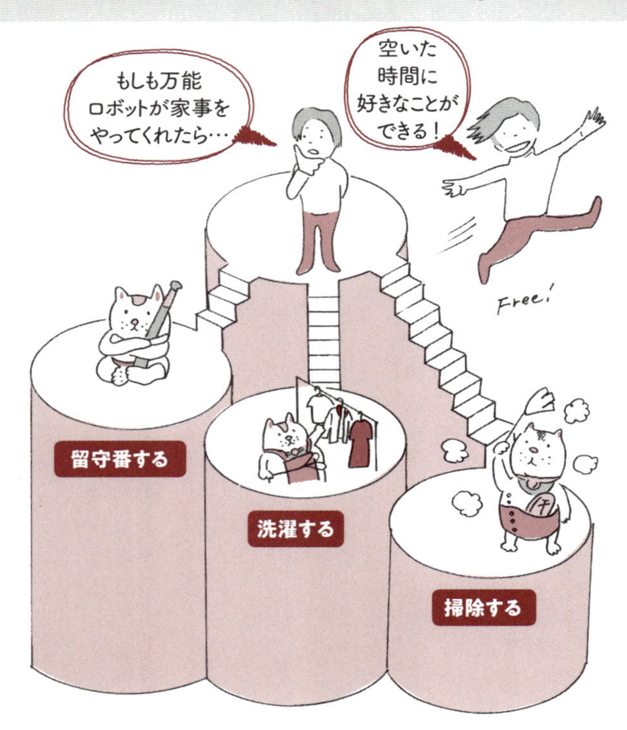

すでに、ほんやくコンニャクに関しては、それに近い機能を持った翻訳マシーンが開発され、販売されています。コンピューターの小型化、半導体の高機能化、人工知能の開発など、新しいテクノロジーの実用化が、イノベーションを起こしています。もし、ご家庭にドラえもんがいれば、生活は劇的に変わるでしょう。家事、洗濯、留守番などはドラえもんに任せ、やりたいことに打ち込むことができるようになるでしょう。企業の持続的な成長を支えるイノベーションの根底には、「こんなことがあればいい、すてきだ」と思い描く、人々の想像力があるのです。

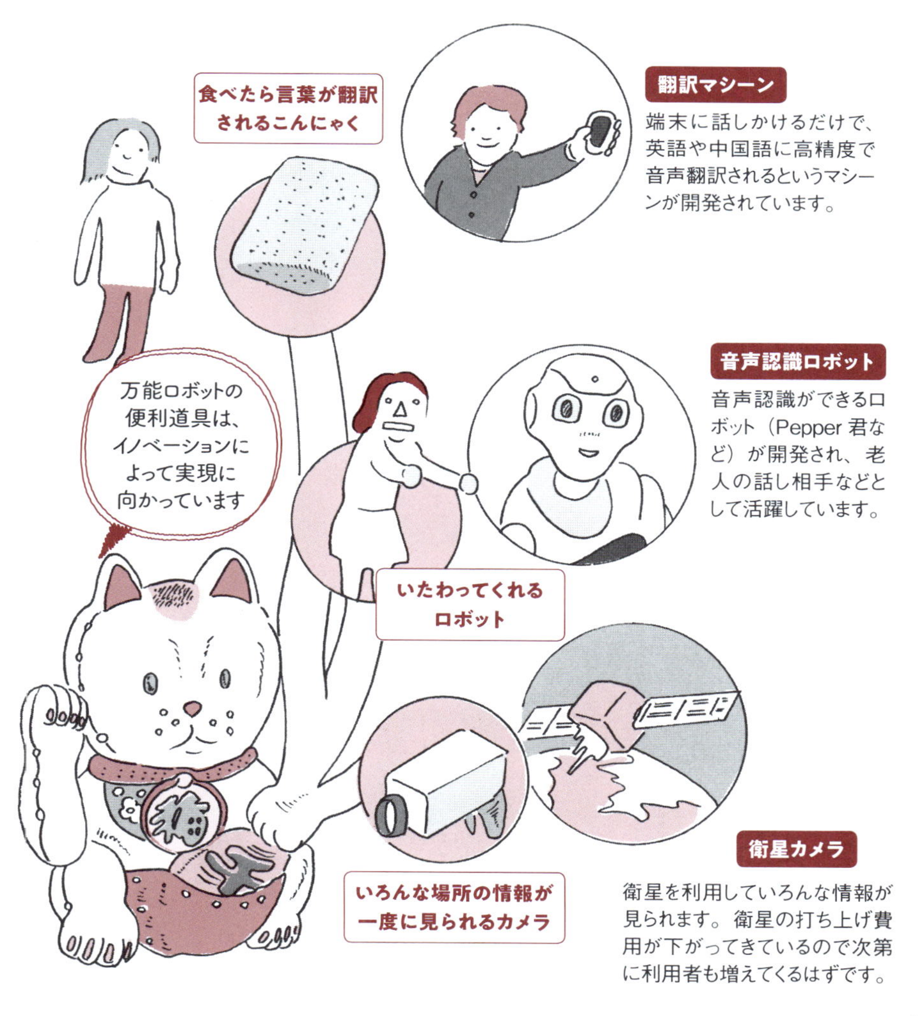

07 投資は人生に潤いをもたらす

投資を行う上で、人々の注目を集めるテーマや技術などに興味を持つことは大切な心得です。

そのほかにも、夢に見たストーリーが続々と実現しつつあります。すでに、わが国では民間の企業が生み出した観測用ロケットの打ち上げが成功しました。ロケット開発が進めば、個人が宇宙を旅することも夢ではなく、現実のものになる可能性があります。加えて、観測衛星を用いたさまざまなデータ収集のために、小型ロケットへの需要も増していくはずです。長期の視点で世界の変化を考え未来を思い描くことは、変化を楽しむことを体現していると思います。その上で、関心を持つ人が増えているテーマ、技術などがあれば、その分野で競争力のある国、企業などを探してみましょう。

注目の分野に目を向ける

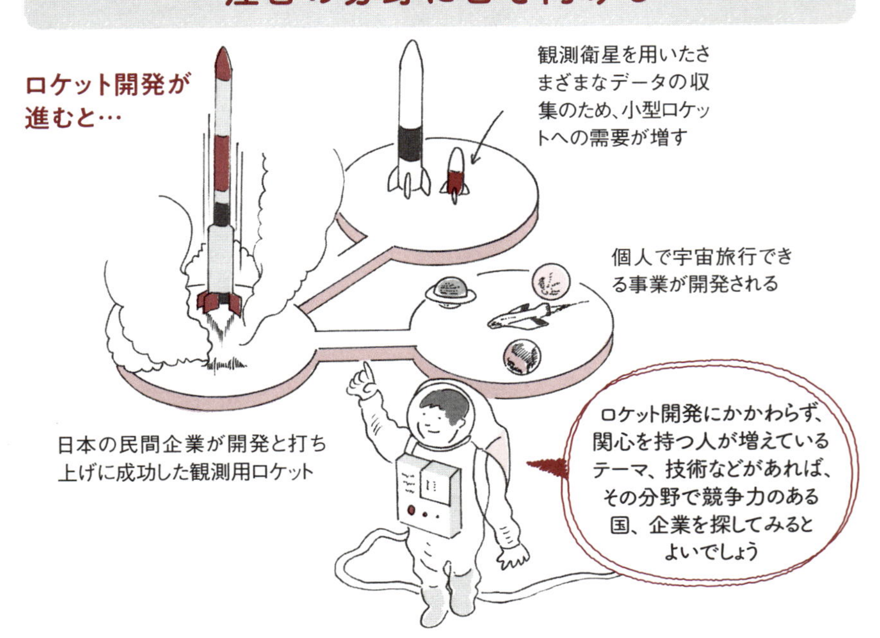

ロケット開発が
進むと…
観測衛星を用いたさまざまなデータの収集のため、小型ロケットへの需要が増す
個人で宇宙旅行できる事業が開発される
日本の民間企業が開発と打ち上げに成功した観測用ロケット
ロケット開発にかかわらず、関心を持つ人が増えているテーマ、技術などがあれば、その分野で競争力のある国、企業を探してみるとよいでしょう

それは、まさに“新しい発想”に自ら触れ、味わい、それを自らのものにすることです。そうした自由かつ柔軟な発想こそが、環境の変化に適応することを可能にします。資産の運用を通して、長期の視点で世界の変化を考えることにより、わたしたちは新しい価値観を共有し、よりよい生き方を目指すことができます。資産運用から得られた利得を使い、関心のある国を訪れ、その文化＝人々の生き方に触れることもできるでしょう。このように考えると、投資を行うことは、わたしたちに新しい発見をもたらし、人生を楽しむ機会を得ることにつながると考えます。

新しい発見をもたらす投資

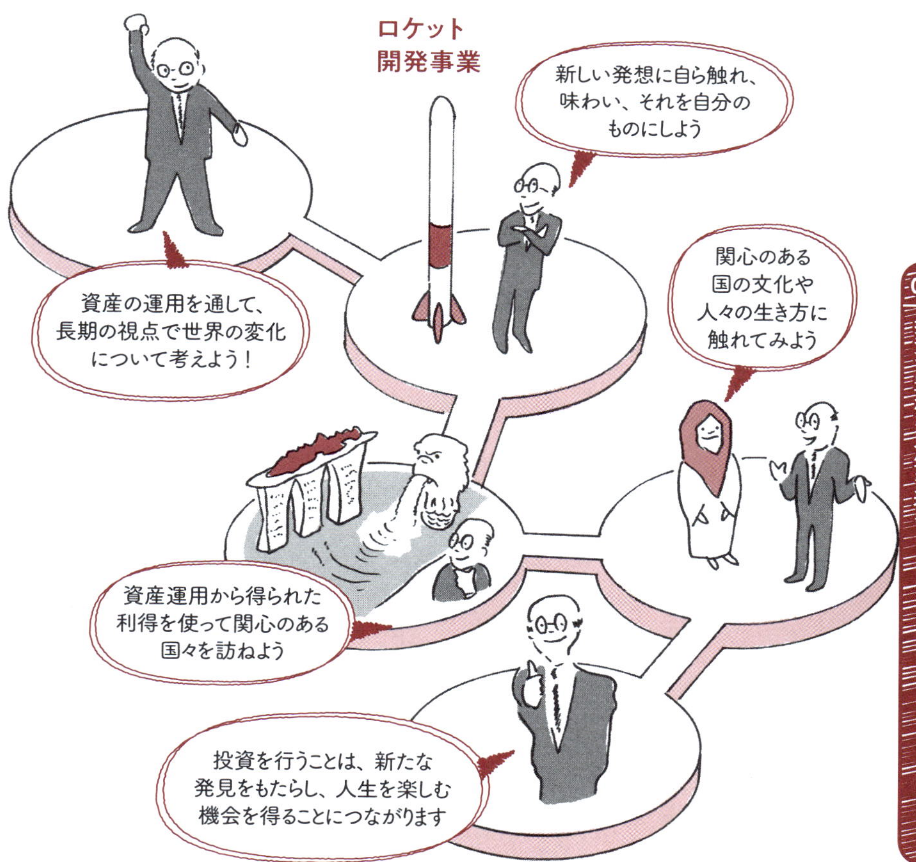

08 生きることは素晴らしい

人生 100 年時代をどのように生きるのか。自己責任を肝に銘じつつ、人生を楽しむことが大切です。

人生 100 年時代、わが国はさまざまな課題に直面しています。年金への不安などを考えると、先行きが心配でたまりません。同時に、先行きを不安に思うか否かは、一人一人の考え方次第です。長生きすることのリスクを理解しつつ、**人生を楽しむことを考えるべき**でしょう。生きる時間が長くなるということは、素晴らしいことだと思います。なぜなら、時間がある分、わたしたちが新しい発想などに触れ、自分自身を成長させることができるからです。

フリーエージェントの時代を生きる

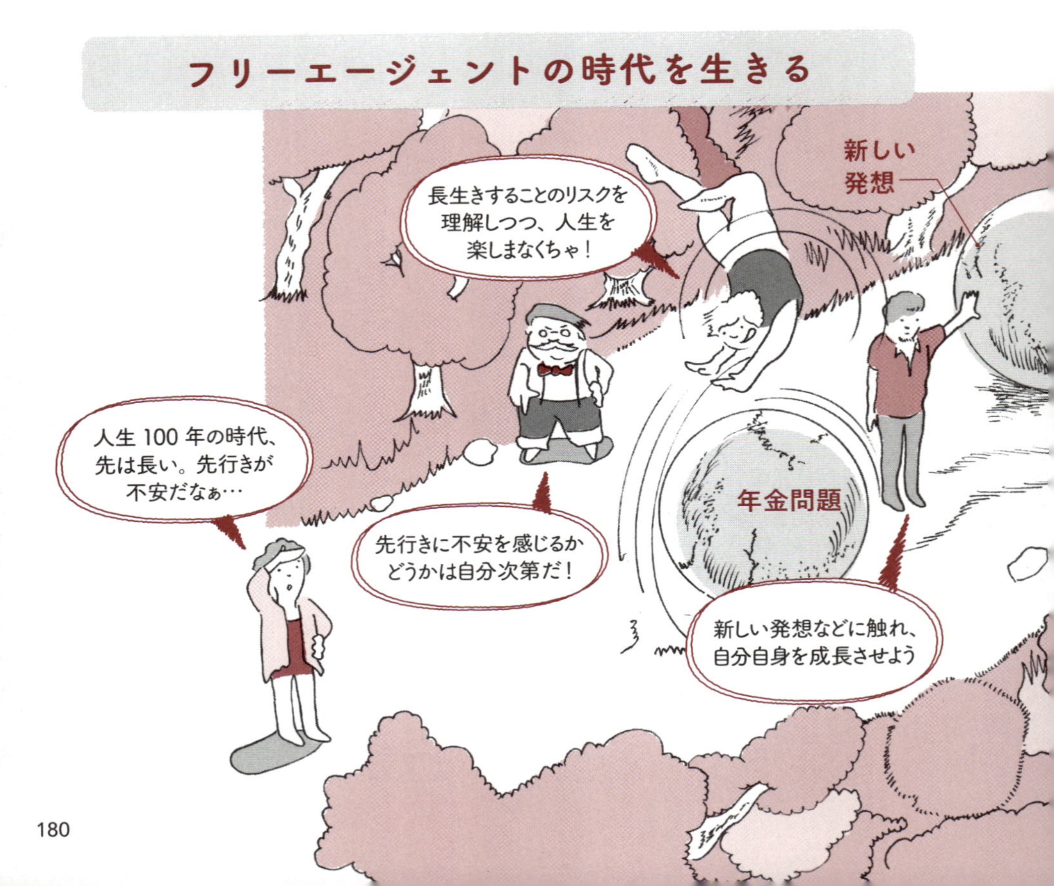

突き詰めて考えると、わたしたちが本当に生かさなければならないのは、一人一人の能力なのです。投資は、資産を増やすための手段です。同時に、投資を通して新しい発想に出合うことで、ビジネスチャンスなどを見つけることもできるでしょう。1990年代初頭の資産バブルの崩壊とともに終身雇用などのわが国の"幸福のモデル"は行き詰まりました。わが国は、一人一人がフリーエージェントとして、自らの力を存分に発揮する時代を迎えています。その時代に適応するためには、何が自分の強みかを認識し、伸ばさなければなりません。経済的にも知的にも、投資を行うことは**フリーエージェントの時代**を自己責任で生き、楽しむために欠かせないのです。

PART 4

資産運用 用語集

Chapter07 ～ 08 で紹介した、株式や不動産投資、相続などに関連した重要単語を改めておさらいしておきましょう。

KEY WORD

流動性

流動性とは、換金（現金化）のしやすさを言う。売買の際にかなりのコスト（手数料）がかかる、あるいは思った価格で取引できない資産の流動性は低いと考えられる。流動性は、投資対象の資産の市場規模、取引量、信用力などに影響される。

KEY WORD

リバースモーゲージ

リバースモーゲージとは、金融機関が個人の住宅を担保にして、資金を貸し出すしくみ。リバースモーゲージの契約者は月々、金融機関に対して利息を支払う。契約者が亡くなった際、金融機関は担保（不動産）を売却して融資を回収するしくみが基本的である。

KEY WORD

NISA（少額投資非課税制度）

NISA（少額投資非課税制度）とは、個人の資産運用の促進のために 2014 年にはじまった制度。NISA 口座を設けることで、個人投資家は年間 120 万円まで、原則 5 年間、株式などの売却、配当金収入等にかかる税金が免除される。

KEY WORD

ファンダメンタルズ

ファンダメンタルズとは、経済の基礎的な条件のことを言う。具体的には、GDPで見た経済成長率、企業の業績、賃金、失業（雇用の状況）などを基に、総合的に判断する。ファンダメンタルズを分析することは資産運用の最重要事項である。

KEY WORD

地政学リスク

地政学リスクとは、特定の地域における宗教的、政治的、軍事的、経済的対立に起因する国と国などの緊張の高まりが、経済の先行き不透明感を高めることなどを言う。代表的な地政学リスクに、中東情勢、朝鮮半島情勢などがある。

KEY WORD

情報コミュニケーション技術（ICT）

情報コミュニケーション技術（ICT）とは、情報通信に関する技術の総称。スマートフォンや高速通信網の普及によって、ビッグデータの収集、IoT（モノのインターネット化）などの利用拡大が見込まれる。そのためにICTの重要性は高まる。

KEY WORD

フィンテック

フィンテックとは、金融理論やビジネスと最先端のネットワークテクノロジーをかけ合わせた造語。モバイル（スマホ）決済やデジタル通貨の開発など、フィンテックの注目度は増すと考えられる。

KEY WORD

リカレント教育

リカレント教育とは、学びなおしを意味する。社会人が最先端の理論などを学びなおして自己研鑽を行うことで一人一人がより大きな付加価値を生み出せるよう、わが国政府はリカレント教育を重視している。

column No.8

投資は幸福な人生を目指すために不可欠

人生 100 年時代、長生きのリスクに対応しつつ人生を楽しむためには、必要な所得を自分で得ることが大切です。その意味で、究極の資産の運用とは、あなたご自身の力を伸ばすことです。

そのためには、自分がやりたいことを見つけてください。人は、好きなことでないと没頭できません。没頭できなければ、集中力は続かず、力をつけることもできないと思います。人生 100 年時代を迎え、政府がリカレント教育に力を入れているのは、人生を通して学び続け、常に新しい取り組みにチャレンジしてもらいたいという思いがあるからです。

このように考えると、資産の運用は、自分の力を伸ばすためだと考えるとよいでしょう。まず、自分自身に投資する。勉強を重ねる。その上で、新しい発想や価値観に触れ、変化を楽しみながら、株などに投資を行う。この生き方は、わたしたちの生き方をよりダイナミックに、エネルギーあふれるものにすると思います。

高度経済成長期を過ぎたわが国では、経済成長に沿ってお給料が増え、預貯金だけで十分な資産を形成することは困難です。すでに、政策金利はマイナスです。自己責任の範囲で、自分に合った水準のリスクをとり、それを使って生活を行っていく考えが、自分自身だけでなく家族を守ることにつながります。お金で幸福は買えませんが、不安を追い払い、いくばくかの心のゆとりを感じることはできます。その状況を確保することこそが、やりたいことに全力で取り組むという幸せな状況を目指すことにつながるでしょう。

掲載用語索引

数字・アルファベット

あ

か

さ

た

な

老後資金はいくら必要？

たとえば､65歳で定年退職し､100歳まで生きると仮定した場合､いったい､どれだけのお金を蓄えればよいでしょう。

退職後に安心した生活を送るため、いくらのお金を貯めればよいか、明確な答えはありません。人それぞれ違うはずです。老後の生活に必要な貯蓄額は、その人の生き方に大きく左右されます。年金の受給額に加え、2000万円あれば安心できるか、5000万円なければ安心できないのか、それとも8000万円の貯蓄が必要か、それはその人の金融資産の保有額や生き方に影響されます。

2019年6月3日、金融庁が主催する金融審議会は、報告書『高齢社会における資産形成・管理』を公表しました。この報告書の発表以降、わが国では急速に“老後、いくらのお金が必要か”をめぐる議論が高まりました。

報告書には、次の記載があります。

『夫65歳以上、妻60歳以上の夫婦のみの無職の世帯では毎月の不足額の平均は約5万円であり、まだ20～30年の人生があるとすれば、不足額の総額は単純計算で1,300万円～2,000万円になる』

2004年には政府が年金制度を改革しました。そのとき、与党は「年金制度はむこう100年間安心」と謳いました。今回の報告書では、公的年金だけではなく、老後にそなえて2000万円のお金を貯めることが必要という文言も見られます。

前述の報告書を見ると、不足額の計算は2017年の家計調査にもとづいています。つまり、「家計調査の対象家計では、記載された程度の不足額が発生することもある」というのが適切な説明と考えられます。ですから、記載された事項が人生 100 年時代におけるわが国家計の平均的な姿だとは言えないかもしれません。家計調査をもとにした一つの可能性にすぎません。

そもそも、個人の資産の形成はその人の生き方に大きく左右されます。全国の平均的な（モデルケースとしての）老後の必要資産額を示すことは困難です。

金融庁のワーキンググループが社会に向けて発信したかったことは、「人生 100 年時代を迎え、公的年金に頼った人生の設計だけでは不安な部分が出てくる可能性がある。個人が資産の運用を行い、安心して老後の生活を送れるよう準備することが大切だ」ということです。

言い換えれば、人生 100 年時代、わたしたちは、安心して生活するためにどのくらいのお金が必要かを、しっかりと考えなければなりません。もし、現役の時と同じ生活をした場合、老後に資金不足が発生するのであれば、まずはコントロールできるところから着手すべきです。どのリスクを、どれだけとるかと同じく、お金の使い道もある程度コントロールできます。

具体的には次のような方法があります。家計簿をつけて収入と支出のバランスをチェックするとよいでしょう。実際に自分がどれだけのお金を使っているかを“見える化”することで、無駄遣いがないか否かを確認することができます。また、シェアリングサービスを活用するなどして自動車の所有などにかかる費用を抑えることなどもできるでしょう。

Special Column

その上で、資産を増やしたいと思うのであれば、自分に合ったリスクをとりましょう。その際、長期の視点で、購入のタイミングと金額を分散しつつ資産を運用することが求められます。

重要なことは、安値を狙うことです。株価はGDPの成長率に連動します。バブルが崩壊し多くの人が「先行きが不安でしょうがない」と口にしている時こそ、株を買うチャンスです。資金と時間に余裕があるのであれば、新興国での売上高を増やしている企業の株を選んで投資し、長期の視点で保有することもできるでしょう。その上で、再度、収入と支出のバランスと、資産の状況を確認し、自分自身のお金の使い方、運用の問題点を洗い出すことが大切です。そうした取り組みの継続が、老後の安心した生活を手に入れるために欠かせません。

今後、わが国が高い経済成長を実現することは望めません。思ったが吉日といわれるように、資産の運用を行う必要性を感じたなら、はじめるべきです。運用する時間が長いほど、ゆとりを持ってリスクに向き合うことができます。

人生100年時代、わたしたちは自分の力で豊かな暮らしを送ることにもっとこだわるべきです。資産の運用に加え、自分自身の力を発揮して収入源を分散させていくことも必要でしょう。従来の考え方にこだわるのではなく、一人一人が変化に合わせて自分自身の生き方を考え、より充実した人生を目指すことが、金融資産を蓄え老後の安心感を手にすることにつながると思います。

主要参考文献

図解 これ以上やさしく書けない金融のすべて 真壁昭夫 著（PHP 研究所）

はじめての金融工学 真壁昭夫 著（講談社）

金融マーケット 勝つ法則 真壁昭夫 著（朝日新聞出版）

プロがそっと教える投資判断の極意 真壁昭夫 著（PHP 研究所）

STAFF

執筆協力	竹内尚彦
編集	坂尾昌昭、小芝俊亮、細谷健次郎、 吉田涼（株式会社 G.B.）、平谷悦郎
本文イラスト	本村誠
カバーイラスト	ぷーたく
カバー・本文デザイン	別府拓、市川しなの（Q.design）
DTP	G.B.Design House

著者 真壁昭夫（まかべ あきお）

経済学者、法政大学大学院政策創造研究科教授。1953年、神奈川県生まれ。76年、一橋大学商学部卒業後、第一勧業銀行（現・みずほ銀行）に入行。83年、ロンドン大学経営学部大学院卒業後、メリルリンチ社ニューヨーク本社へ出向。みずほ総研主席研究員などを経て現職に至る。「行動経済学会」創設メンバー。『最強のファイナンス理論』（講談社）、『行動経済学入門 基礎から応用までまるわかり』（ダイヤモンド社）、『プロがそっと教える投資判断の極意』（PHP研究所）、『知識ゼロでも今すぐ使える！ 行動経済学見るだけノート』（宝島社）ほか著書多数。

ゼロからはじめて一生損しない！
資産運用見るだけノート

2019年7月26日　第1刷発行

著者　真壁昭夫

発行人　蓮見清一
発行所　株式会社 宝島社
〒102-8388
東京都千代田区一番町25番地
電話　編集：03-3239-0928
　　　営業：03-3234-4621
https://tkj.jp

印刷・製本　サンケイ総合印刷株式会社

ISBN 978-4-8002-9575-0